华南商业智库系列丛书

黄华军/总策划

华南商业地产风云二十载启示录

王先庆　赖婉蕴/主编
吴婕秋　黎烙华/副主编

编 委 会

总 策 划 黄华军

主　　编 王先庆　赖婉蕴

副 主 编 吴婕秋　黎烙华

编 委 会 黄华军　王先庆　赖婉蕴　吴婕秋　黎烙华　林伟华
　　　　　　马少栋　刘　武　花　涛　佘旭锦　宋　宁　陈光明
　　　　　　邵建明　林治平　欧小卫　罗晓军　赵　军　钟　义
　　　　　　黄文杰　黄启宁　黄　河　曾昭志　谢仕平　甄跃飞
　　　　　　廖皓辉

出版单位 第一商业网
　　　　　　华南商业智库

支持单位 广东省商业地产投资协会
　　　　　　广东省商业经济学会
　　　　　　广东财经大学
　　　　　　楚睿商业机构

序

风云激荡20年，谁主沉浮？

奔腾不息的商业长河，浩荡奔流到1996年。在珠三角两岸富饶的购买力土壤滋润下，在改革开放的春风吹拂下，先行一步的粤商敏锐地捕捉到市场先机，澎湃的商业大潮激荡起无数激动人心的浪花，涌现出大批走在时代前端的卓越企业和传奇人物。

1996年，中国大陆首个购物中心——天河城横空出世，它巨大的示范效应，刺激了购物中心业态在广东乃至全国的蓬勃发展，这对于促进区域商业的繁荣，推动流通产业的革新和升级，提高市场的组织化程度，都具有里程碑式的意义和深远的影响。

廿载回首，1996~2016年间，华南商业地产从无到有，从弱到强，从无序到规范，从外资零售企业的"大肆入侵"到传统百货的变革、大卖场的转型、新晋品牌的涌现，再到城市商圈的变迁，购物中心、商业步行街、写字楼、综合体如雨后春笋般涌现，广东商业企业以全新的姿态演绎着新一轮的崛起。

为了纪念华南商业地产发展20周年，推动行业健康有序发展，第一商业网、华南商业智库投入了大量的人力、物力，奔赴广东多个城市，在短短两个月的时间里采访了20名见证华南商业地产前行的著名经济学家和商业地产相关行业的领袖人物，收集了大量的第一手资料。从他们的口述中，更全面、更准确、更具体、更鲜活地还原企业发展历史，精辟总结成功经验和失败教训，对行业有着重要的参考价值。

《20年·20人：华南商业地产风云二十载启示录》一书共分为"1996~2016年华南商业地产发展史主报告"、"业态专题报告"、"行业代表人物"、"'我与商业地产20年'征文"四大部分，收录了逾10万文字和近百幅珍贵图片，真实再现华南商业地产那段波澜壮阔的发展历程，记录了先行者的艰辛苦楚和后来者的锐意变革，勾勒出了一幅光彩夺目的时代画卷。

以史为鉴，可以知兴替。从时代的变化着眼，对20年的回望可以让我们更清醒地看清历史，也可以让我们更好地思考未来，历史的启示在今天全新的市场形势下更显弥足珍贵。

在本书的编写过程中，我们得到富港集团、昌大昌超市、楚睿商业机构、华南商业智库以及以广东财经大学流通经济研究所所长王先庆教授为首的高校老师、经济管理出版社杨雪编辑等机构和个人的大力支持和帮助，在此一并表示衷心的感谢！

由于时间仓促，本书疏漏与不足之处在所难免，恳请广大读者不吝赐教，给予批评指正。

黄华军（本书总策划）

2017年4月24日于广州

前 言

华南商业地产的形与魂
——华南商业地产风云二十载启示录

一、华南商业地产的起源与演变

顾名思义，商业地产是指与商业物业的开发、招商、运营等业务相关的一种产业地产。通常情况下，只要与大流通、大市场、大商业相关的地产业务，都可统称商业地产，主要包括商业街、购物中心、购物广场、地下商城、交通枢纽商业、交通节点商业、专业市场、综合市场、二手市场、采购中心、会展中心、展贸园区、餐饮中心或美食城、物流中心、物流园区、商业综合体、商务中心、商业型CBD、旅游型商业景区、奥莱型购物公园等。

我对商业地产问题的研究是从2003年开始的，当时，在参与有关"广州商业网点规划"及"千年商都"等课题的调研时，必须从商业网点布局、商业中心选择及转移、商圈发育成长等问题出发，这些问题的实质最终还原于商业地产问题。在我看来，商业地产是地产领域众多业态的一类业态，如同百货业是零售业中的一种业态一样，它是商业与地产融合发展的一种地产形态，因此，真正的商业地产，必须是以提供商品型的商业物业开发为导向的专业地产业务。商业地产的发育成长，必须满足两个基本的前提条件：一是有足够数量的对商业物业进行购买或租赁的市场需求；二是以专业开发商业物业为核心业务。以此推理，那些纯粹的自建自营型商业物业的开发建设，就不属于商业地产。进一步说,商业地产本身有着发育成长的规律,有着独特的发展轨迹和演变顺序,它的"形"是地产,但它的"魂"则是商业。

研究表明,商业地产起源于城市商业的集聚发展,它是地产业发展到一定阶段的产物。也就是说,随着新的交通枢纽和交通工具的出现,导致城市或区域人口在一个新的区域集聚,并推动城市商业中心的转移以及新的商业中心的发育和形成,这时,就产生了商业地产的内在需求。而当这种需求具有足够大的规模和数量时,形成了一种潜在的市场,于是就为专业从事商业物业开发的地产商提供了市场动力。

根据本人从事十多年商业地产研究的经验,探索和研究商业地产的发展规律主要有三重视角:一是工业化进程,即在一个国家或地区工业化的不同阶段,商业地产的市场基础是不一致的;二是城镇化进程,即不同的城镇化水平和发展道路,导致商业地产开发的深度和广度差异很大;三是居民收入水平,即在不同的收入水平下,一个城市或区域的消费需求层次和阶段差别很大,从而对商业物业需求的规模和类型不一样,其发展动力来源亦不尽相同。这三重分析视角及其运用,在我们进行商业地产投资、开发、布局以及规划时,无论是前期研究还是中后期的业态选择、招商运营以及转型升级,都是必须重视和理解的基本原理,更是我们分析和了解一个城市或区域商业地产发展规律的逻辑主线。

基于这三重视角,分析华南①商业地产的起源和演变,就能十分清晰地理顺它的来龙去脉。简言之,华南商业地产起源于广东工业化进程中期即20世纪90年代中期,由于快速的工业化模式产生了大量的商流、人流、物流,并且产生了渠道再造与流通空间集聚的新动能,比如,有大量的专业市场来缓冲原辅材料供应和工业品在厂家"堆积"的问题,同样,工业人流的快速集聚带来服务业的高速增长,从而推动商业中心的转移,可以说,从白马服装市场、中大布匹市场集群,到天河城、电脑城,其本质都是工业化进程的产物。它们的兴起,只能从广东工业化浪潮中找到答案。又如,随着广州天河路商圈、番禺万博长隆商圈、白云新城商圈的兴起和繁荣,以及上下九商圈、北京路商圈、农林下路商圈、环市路商圈的衰落,都是广州城镇化进程的结果。

---

① 这里所指的"华南",是一种习惯性称呼,一般是指广东全省,但主要是指珠三角区域。与国家地理意义上的"华南"范围有所不同。本书所有涉及"华南"的内容,均适用于此解释。

前 言

城镇化进程的变化带来新的楼盘、交通工具和人口流向的变化以及重新集聚，从而推动着商业空间布局的变化以及商业中心的转移和再造。此外，随着居民消费水平的提升，消费者需求层次随之提升，更加注重消费品质和消费体验，于是，购物中心及商业综合体时代才会来临。

总之，将广州天河城开业的1996年定为华南商业地产的元年，是有道理的[①]，因为它是基于纯粹商业物业开发并以现代商业理念运营管理的第一座真正意义上的购物中心，并由此开启了缔造天河路商圈的新时代。华南商业地产的演变和发展背后，代表的是中国改革开放进程以及工业化、城镇化进程的轨迹，并具有浓郁的岭南文化特色和粤商的品格。

二、华南商业地产的形、神、魂

风风雨雨，从1996年到2016年，华南商业地产从萌芽到扩张、从幼稚到成熟，转瞬间，就走过了二十载寒暑春秋。纵观这二十年的发展道路，到底有哪些启示？透过表象看实质，又有哪些内在的逻辑？有哪些值得纪念的现象、人物和事件？近一年多来，在广东省商业地产投资协会、广东省商业经济学会的指导下，第一商业网、华南商业智库联合组成的专家团队，通过遍访广东各地代表性的商业地产项目和代表性人物，举办了大大小小数十场调研座谈会和交流会，得以掌握大量珍贵的第一手材料，并从中得到了宝贵的收获和启示。

不同的专家，从不同的角度去观察华南商业地产的变革和发展，认识和评价的方式、方法可能不尽相同，进而得到的启示可能也不一样。就我本人的思考和心得而言，华南商业地产风云二十载的启示可以归纳为六个字，即"形精、神特、魂缺"。

所谓"形精"，是指华南商业地产界设计开发的商业物业从形态和外形上看，基本上都规模不大，但很"精干"，即典型的"小而精"。这里的"形"，主要是指"外形"、"形态"，即体量和规模。以广州为例，天河城、白马服装市场、百信广场、天河娱乐城等一批至今仍然深受消费者喜爱、经营状况良好、

---

① 在这之前，尽管已经有广州电脑城的开业，但那只是对旧的建筑的租赁性利用；而广州购物中心的开业，则是基于一种公益性文化设施的建设；至于其他的一些百货大楼、专业市场，在当时还不是从纯粹商业物业的开发角度来投资建设的。

品牌影响力大的商业地产项目,其实规模都不到10万平方米,除了正佳广场、狮岭皮具城、新塘牛仔城等极少数项目超过30万平方米外,在过去二十年中,由本土商业地产商开发建设的项目,几乎没有一个项目在规模上处于全国前几位的。在广东省其他城市,也只有深圳华南城、广佛智城等少数几个项目规模比较大。

近五年来,广东各地有一批超过40万平方米的超大型地产项目建成或在建,但这不是华南商业地产的主流。就大型商业综合体的开发浪潮而言,可以说,主要是由于万达集团这只"来自北方的老虎"的冲击导致的,在此之前,广东很少出现这类超大型商业综合体项目。

同样,就专业市场、物流园区等商业项目的开发来说,无论北方各省,还是华东各省,如浙江义乌小商品城、山东临沂商贸物流园,这些代表性的项目都超过100万平方米,有的甚至超过500万平方米。但它们的特点是"大而少",一个城市往往就是一两个超大型项目,除上述两个代表性项目外,还有如海宁皮革城、绍兴轻纺城等。

在2014年由我策划并主持的第一届"中国专业市场大会"上,我曾经将上述现象做过一个比喻,即将浙江各地的专业市场比喻为盘踞在各个山头上的"一只虎",而广东各地的专业市场则是"一群狼"。因为广州有近1000个大大小小的专业市场,尽管数量多、类型全、分布广,但其实规模都普遍不大,如同大部分广东人的体格一样。显然,虎与狼的外形差异很大,但大有大的优势,小有小的好处。"小而精"就是华南商业地产的共性。

所谓"神特",是指华南商业地产各具神韵,普遍独具特色。其实,"小而精"就包含了一点:"精气神十足。"它的表现主要包括:经营灵活、专业性强、个性十足、生命力强,但不张扬。或许,这些商业地产项目,正是从一个侧面反映着粤商文化和精神,即反映出一种低调、务实、灵活的商业文化风格。

粤商普遍低调、不张扬,因此,就很难做出那些名扬四海的大项目,他们不是因为缺钱而做不出来,而是基于投资安全和抗风险的考虑而不想这样做。更主要的是,这些项目大多是民间投资,他们为了资本安全和经营的可持续性,大多将项目的规模控制在一定范围内,与自身的管理能力和风险防范能力相匹配。所以,相比于华东等地的商业地产项目或人物而言,华南商业地产项目普遍名气不大。

前言

同样,粤商还有一个"不熟不做"的特点,因此,开发的项目普遍在熟悉的产业链或熟人圈中去寻找。这样的项目大多专业性强,非常有特色,而极少出现综合性的超大型商业项目。正因如此,只有广州、深圳、东莞、佛山等城市,才会出现全国品类最齐全的商业地产项目,且不说各种各样的商业中心、购物广场、购物中心、交易中心、地下商城、特色商业街,仅就专业市场而言,全国也只有广东才有如此齐全的特色专业市场,包括服装市场、玩具市场、文化用品市场、海鲜市场、布匹市场、鞋材市场、茶叶市场、眼镜市场、药材市场、牛仔城、酒店用品城等。仅佛山南海大沥一个镇,就有近30个大大小小的各类专业市场。实际上,全国也只有广东各地的专业镇与专业市场共存共荣,形成极具特色的、今天才被全国其他省高度重视的特色专业镇现象。

从逻辑上推理,或许,正因为华南商业地产的这种"神特",才导致其具有生命力极强的特征。精气神足,主要是因为有产业基础支撑,有成熟的产业链和供应链体系,有强大的消费基础和人气。特色鲜明,使得各项目都有自己的客户群,差异化经营,很少出现恶性竞争现象,从而具有较强的生命力。这也就是为什么在每一次经济危机和波动中,华南商业地产受到的冲击都比其他地方受到的冲击要小的原因。无论是2008年的金融危机冲击,还是当前的电子商务冲击,相比于全国其他区域而言,华南商界的生命力要顽强得多。

所谓"魂缺",主要是指华南商业地产界的探索普遍不重视理论指导,不注重模式的提炼,缺少灵魂性的战略性经营理念。进一步说,虽然"神特",看上去有"神韵"、"精气神足",但却不"传神",难以模式化、流程化、标准化、品牌化,难以复制、传承、学习和传播,难以形成连锁经营体系,难以"走出去"。这也就是广东为什么有天河城、白马服装市场,却没有出现它们的全国连锁化的根本原因。

之所以"魂缺",原因很多:一是在项目的前期决策过程中,极少做深入系统地调研和理论准备,而大多是凭感觉和经验,立项依据主要是熟人朋友圈的口头交流以及人脉关系,从而使项目一开始就缺少灵魂的注入;二是许多项目的立项是基于市场需要推动,基于短期利益和"快钱"思维的决策,缺少长期战略规划和布局的决策思维;三是在项目开发或经营过程中,极少从品牌打造、模式提炼等角度进行专业研究,去发现和总结规律。比如,我在从2005年开始研究天河路商圈并进行调研到2008年发布《华南第一商圈：天河商圈》①的过程中，通过对北京、上海、重庆等地的观察发现，从规模上看，天河路商圈已经是第一大商圈，而且其发育成长具有十分有趣的现象和规律，然而，遗憾的是，当时从政府到企业，却几乎没有人重视这一事实，于是，我开始在各种场合宣告这一发现，甚至向市经济贸易委员会以及市委、市政府提出专家建议，以期引起高度重视。再后来，到我们发布第二份有关天河路商圈的研究报告《中华第一商圈——广州天河路商圈研究》②时，整个状况才得以改观。在这十多年中，我们研究和发布了五份有关天河路商圈及企业的研究报告和论文，却几乎没有企业主动与我们对接或联系，以期做更深入、长期的战略性研究，这从一个侧面反映出华南商业地产界"重经验，轻理论"的共同特征。

由于"魂缺"，必然缺战略、缺模式、缺布局、缺运作，从而导致三个后果：一是尽管项目很好，效益也不错，消费者也喜欢，但却说不出"为什么好"，很少从理论上总结其发育成长的规律和必然性，从而难以形成那种"教案"式的品牌，不利于品牌传播和市场运作。正因如此，我们通常所说的很有名气的商业地产项目，其知名度也仅仅只是在华南或业界狭小的圈子里。二是难以模式化和标准化。这也是为什么华南商业地产起步早、创新多，却出不了类似于万达模式的原因，因为都是一种经验性和感受性的东西，没有上升到规律和理念，难以进行复制和传播。三是难以进行战略布局。广东不是说没有这样的商业地产商，例如，华南城就有自己的战略，并通过资本运作和市场运作在全国布局。但这似乎是例外，总体而言，这样能在全国范围内进行战略布局的商业地产企业少之又少，与广东商业地产的领先地位、总体规模以及发展基础不匹配。理论上而言，广东更应该造就出类似于万达（商业综合体）、义乌小商品城（专业市场）、普洛斯（物流地产）等连锁性商业地产企业。进一步说，由于"魂缺"的原因，导致广东商业地产界的"模式化"水平大多停留在初级阶段，很难"走出去"，虽然发展早，尝了"头啖汤"，但缺少后劲，久而久之，在全国并不是做得最大、最好。

---

① 王先庆.广州流通发展报告（2007~2008）[M].北京：社会科学文献出版社，2008.
② 王先庆.珠三角商圈发展研究报告（2013）[M].北京：社会科学文献出版社，2013.

前言

或许，以上关于华南商业地产的一些感受和研究心得，一方面，源于本人十多年来与华南商业地产界各位朋友的广泛接触和交流，我从他们身上了解了很多、学习了很多，也收获了很多；另一方面，源于广东各地政府部门、行业协会和商贸企事业单位委托的课题和规划项目所展开的调研收获；此外，源于第一商业网及黄华军总裁这十年来历次组织的行业交流活动，尤其是本书中所做的调研及采访内容，为我提供了持续深入了解的机会。

三、风云二十载，未来更精彩

华南商业地产，是华南商贸流通业发展的一个见证和缩影，更是中国商业地产的一面旗帜，虽然它的发展道路和个性与华东、华北、华中、西南等商业地产界有显著差异，但它的影响力却是其他区域不可替代的。正是因为这一点，它值得大书特书，其经验教训，也值得深入总结和分析。

第一商业网的黄华军总裁，对商业地产充满热爱和情怀，长期专注和关心这一行业的发展，并刻意扮演连接政府、企业、媒体、专家的纽带角色，让越来越多的商业地产人团结起来，让越来越多的商业地产项目得以广泛传播，可以说，他为推动华南商业地产发展与创新做出了卓越贡献。

本书总体上就是黄华军总裁统筹策划的结晶，凝聚了他这些年关注和研究商业地产的心血。正是在他的领导和推动下，大家才在一年多的时间内持续调研这么多商业地产项目，也才有本书的写作和出版。

在编写本书的过程中，尤其是在认真阅读本书中出现的华南商业地产的风云人物采访录的时候，虽然是黄总裁与其他老总的对话，但我也如身临其境。从谈话中感受到，作为一个精英群体，他们既谦和、低调，又务实、进取，在各自的领域里有着杰出的表现和成就，他们敢于挑战、勇于变革，面对问题，不回避问题，让人从心底里敬佩，值得人不断地学习。实际上，在新形势下，尤其是面对互联网背景下的商业革命及"一带一路"建设带来的新商机，他们都在积极进行变革、创新和转型升级，探索新的发展道路。

无疑，本书中出现的二十人，只是华南商业地产界发展变迁的代表和见证，他们从各自的领域和角度，反映出华南商业地产风云二十载的历程和演变。然而，中国经济仍然是世界经济的"火车头"，华南仍然是中国改革与创新的策源地，尤其是习近平主席布局的"一带一路"战略、京津冀一体化战略、长江经济带战略以及中央新近提出的粤港澳大湾区建设，都将为新时期的商业地产发展提供强大动力。因此，未来二十年，甚至更长时期内，希望这些商界领袖及所在企业，带领着华南商业地产不断创新发展，实现"形、神、魂"的深度融合和提升，进而"走出去"，在全国布局，在全球发展，实现新的跨越，未来更加精彩。

本书由一份主报告、五个专题报告、二十篇人物专访、十篇"我与商业地产20年"征文稿组成。全书由黄华军总策划，我和赖婉蕴联合主编，由吴婕秋、黎烙华两人副主编。初稿出来后，由我对全书进行统稿，对部分内容进行了调整。经济管理出版社杨雪编辑为本书的顺利出版做了大量工作。由于时间仓促，本书可能存在不足之处，欢迎各位批评指正。下一步，我们还将对华南商业地产的模式以及案例进行更深入的调研，写出一批教案式的案例研究，也希望各位继续关注和支持。

最后，感谢为本书从策划、写作到编辑、出版做出贡献的各位同仁及朋友，感谢热情关心第一商业网、华南商业智库的朋友们，感谢支持并接受采访的各位商业地产界的领袖们，感谢积极投稿和发表真知灼见的专业人士们，更感谢积极推动商业地产发展的媒体朋友们。

王先庆

2017年4月24日于广州

目录

主报告

1996~2016年华南商业地产发展报告　　　　　　　　　　3

专题报告

一、广东购物中心20年：造MALL愈来愈热　体验式业态崛起　　31
二、广东百货业20年：加快升级转型　实现全渠道发展　　38
三、广东超市20年：开启经营专业化、精细化时代　　46
四、广东服饰零售20年：本土品牌的崛起　　54
五、广东餐饮业20年：商业地产盛夏的果实　　65

行业代表人物

一、马少栋：广州白云新城商业地产标杆项目的缔造者　　77
二、王先庆：广东商贸流通领域的学术领头人与布道者　　83
三、刘武：中国现代物流之父　　87
四、花涛：深圳零售行业前进的推动者　　93
五、佘旭锦：从代理商到上市公司的时尚王国缔造者　　97
六、宋宁：广州连锁眼镜店探路人　　102
七、陈光明：广东本土商业地产航母的"掌舵人"　　108
八、邵建明："点石成金"的广州商业奇才　　114
九、林治平：商业地产骄子　　120
十、欧小卫：华南购物中心教父　　126

-1-

十一、罗晓军：全国连锁之路的"匠心"推手 … 130

十二、赵军：广东电影产业的创新先行者 … 136

十三、钟义：从职业经理人到老板的"逆袭" … 140

十四、黄文杰：商业地产行业的"快乐行者" … 144

十五、黄启宁：天河城的"创业元老"与传承者 … 148

十六、黄河：广佛智城"电商体验之都"开创者 … 154

十七、曾昭志：中国零售行业 IT 的先行者 … 158

十八、谢仕平：时尚潮流引领者 … 162

十九、甄跃飞：本土超市"钢铁侠" … 168

二十、廖皓辉：成就中山超市之王 … 174

"我与商业地产20年"征文

一、十五年磨一剑 从优秀到卓越 … 183

二、十七载商业梦 十七年华南情 … 191

三、我与商业地产携手并进丰硕十载 … 193

四、购物中心 MALL 成功的三大关键 你 get 到了吗？ … 196

五、我与商业地产 20 年——热爱、专注、专业、敬业 … 202

六、寻商梦 践商道 … 204

七、勿忘初心 … 207

八、贵在持之以恒 … 209

九、中山商业 20 年变迁 … 211

十、杨军艇：我和商业地产有个约会 … 220

主办方简介

第一商业网 … 226

华南商业智库 … 226

富港集团 … 228

主报告

主报告

1996~2016年华南商业地产发展报告[①]

1996~2016年，正是由于天河城的示范效应，引来无数英雄竞折腰，第二、第三波"造MALL热"风起云涌，商业地产概念浮出水面，购物中心、商业步行街、写字楼、商业综合体如雨后春笋般涌现，并深刻改写了传统的城镇商业版图。

回首20载，华南商业地产从无到有，再到飞跃式的发展；从外资零售企业的"大肆入侵"，到传统百货的变革、大卖场的转型、新晋品牌的涌现，再到城市商圈的变迁，这不仅是风云变幻的20年，更是华南商业地产创业征程波澜壮阔和商界精英风采闪耀的20年。

（一）华南商业地产的发育成长与政策效应

20世纪80年代以前，中国没有商业房地产，商业形态为各种类型的供销社、百货大楼，产权都归国家或集体所有，经营与场所的投入没有严格的经济关系。1984年，国务院批准商业部发布《关于当前商业体制改革的若干问题的报告》，同意报告中提出的"小型国营零售商业、饮食服务业准为集体经营或租赁给经营者个人经营"，至此才开始商铺的交易。这一阶段，市场上大部分商业房地产都是没有产权的临建商铺或由其他建筑物改建的商铺，一般有一个商业机构负责总揽承包，间隔成多个小商铺，面向社会招租经营。住宅和商铺混合，商铺是住宅的副产品。

20世纪90年代中期，大型超市和卖场兴起，餐饮、娱乐等设施小规模引入，商业房地产与住宅平分秋色。商业房地产以商厦的形式在各大城市中心

[①] 本部分由吴婕秋、林伟华撰写。

区产生,商厦、商铺拥有独立、清晰的产权。商铺经营也一改以往的租赁方式,以房产销售为主,并由此引发了投资商铺的理财概念,投资商铺既可以自主经营,更可以出租给商家,坐收渔利。

20世纪90年代后期,各大城市开始建设商业街、步行街和商品市场(商品类型主要是服装、电子、建材、汽车配件等)。这一阶段,商业房地产的营销策划逐渐发展成熟起来,商铺的销售除了项目所在的地理位置、商业环境以及开发商实力、规划设计水平以外,营销策划开始在销售中发挥越来越大的威力。

2000年至今,SHOPPING MALL(大型购物中心)和CBD的开发热潮不断涌现。国家进一步鼓励商铺投资,下发了许多停止征收与商铺投资、建设、交易有关的"投资方向调节税"等政策,极大地促进了商业房地产的发展。这一阶段,商业房地产的规划设计、营销策划、经营管理等方面均有长足的进步,在经历了各种失败、教训之后,商业房地产渐趋成熟。

1. 商业地产受政策影响波动大

2010年以来,特别是2011年,住宅地产宏观调控政策严厉程度一轮高过一轮,"新国十条"、"限购"、"限贷"、"房产税"及"限价"等政策措施密集出台,经济手段与行政手段并用共同抑制住房价格过高且过快上涨的局面。作为房地产重要组成部分的商业地产成为诸多住宅地产开发企业争相转型的领域,国内主要房地产开发企业均公布了商业地产发展战略,商业地产比例提升成为未来几年这些企业发展的重要举措。在中国经济结构转型、城市化进程推进、居民可支配收入持续增长、消费结构优化升级及宏观调控政策出台的多重效应下,商业地产投资价值逐渐显现。

(1) 2004年:四部委彻查MALL泡沫度

2004年,随着中国经济的持续稳定发展,商业地产需求潜力的无限扩大,商业地产的发展前景是非常美好的,但是当时所处的环境和商业地产存在的一些问题还是非常紧迫和严峻的。除了证券市场,明显属于长线投资的购物中心(MALL)也在时髦地赶"概念",短短两三年里,全国各地一下子冒出来300多家MALL。

购物中心市场是否过热?如雨后春笋般涌现的购物中心到底违规占用了

多少银行资金？是否已经对银行系统构成了隐患？2004年2月19日，21世纪经济报道的《MALL虚热圈牢银行1300亿资金？》一文，引来行业内广泛关注，也引起了中央的高度重视，时任总理温家宝立即批示：由银监会、商务部、发改委、建设部"查告"。四大部委行动迅速，经过前期沟通后，于2004年3月4日下午，银监会、商务部相关司级领导开了第一次碰头会，中国商业联合会购物中心专业委员会（简称商购会）的有关负责人也列席在座，随即一场全国范围内的彻查展开。

大连万达集团的当家人王健林曾公开承认，政策的调整的确对万达建造MALL的进程产生了影响，他宣称："对于未开工项目，万达会放一放"，并将原来"到2010年建成70个MALL、总建筑面积1000万平方米"的目标下调为"50个、总建筑面积达700万~800万平方米"。

（2）2007年：穗商家结盟以解决连锁品牌拓展难

商业的发展历经了集市→商场→连锁店→超级市场→SHOPPING MALL等多个阶段，随着商业地产在国内的迅速升温，连锁商家规模拓展的成本也越来越高。在商业地产发展相对成熟的华南地区，连锁品牌开店可选的地点已经越来越少。而地价的不断高涨，更是使开店成本一升再升。

2007年5月26日，广百、易初莲花、屈臣氏、百安居等众多知名连锁商家提出欲结成战略联盟，强强联手共同做旺更多的商业地产项目，以解决连锁品牌拓展难的现状。它们希望将分散的、不同业态的商家资源进行整合，不仅可以增加与地产开发商及相关部门的谈判筹码，从而产生更大的效应，更希望借此可以让华南商业摒弃单打独斗的旧格局，走向产业集群化的新局面。

（3）2008年：两年投资4万亿元应对国际金融风暴

国际金融风暴给高速增长的中国经济带来警示，为应对国际金融危机对我国经济带来的不利影响，中共中央、国务院决定：实施积极的财政政策和适度宽松的货币政策，出台更加有力的促进经济发展的政策措施。中央出台扩大内需促进经济增长的十项措施，对于克服当前的困难和保持长远的发展都具有重大意义。

实施"十项措施"提出的工程建设，从2007年第四季度到2010年底，约需投资4万亿元。实施这些措施总的要求是：出手要快，出拳要重，措施要准，工作要实。接下来各项政策措施的出台和项目的批准启动更是令人目不暇接：

央行宣布将采取五项措施，认真落实适度宽松的货币政策。银行出台前所未有的贷款政策，放宽商业银行信贷规模限制和特殊情况下的免责要求。

（4）2010年：史无前例的限购令出台

自"新国十条"于2010年4月17日出台后，各地根据其房地产现状逐渐出台限购令。在这种大的市场环境下，此时不在调控范畴的商业地产却"跳将"出来，引来社会各界的热议。面对如此严厉的限购令，很多开发商放慢了住宅销售的脚步，但由于商业地产不受限购令影响，这对于商业地产来说或许是一次不可多得的机会。在这样的态势之下，商铺、写字楼等商业地产市场迎来一个新的高峰，尤其是那些地处中心地段的产品，其投资回报率远远高于住宅市场。一时间，商业地产成了最好的投资对象。

限购令影响资本走向，商业地产成投资洼地。在限购令影响下，住宅市场受到了冲击，商业地产不受限购令政策限制，反而是一片利好。限购情况下，刚需市场成为开发商争夺的一块阵地，市场迎来刚需产品的大量上市，同时商业地产不在限购之列，也迎来春天。限购扩大不等于全部限购，换言之，限购令后商业地产得到了巨大的发展，并成为投资者的新宠。限购令出台后，很多投资者已经不再看好住宅投资，而那些继续看好住宅投资的投资者们，也因为限购的限制而无法继续购买，从而使手上的钱无法投向市场。在中国，当时投资渠道不多，大部分投资者唯一能选择的，只有房地产里不受调控影响的商业地产。

2. 华南商业地产井喷：两个政策的叠加效应

自2010年开始，国内房地产市场受调控政策的影响，房企们纷纷转型商业地产，寻求突破，中国的商业地产因此获得了快速发展。《国家新型城镇化规划》出台及营业税改增值税（简称营改增）的全面实施给商业地产带来新的机遇，导致商业地产迅速升温，大批房地产企业开始竞相进入商业地产领域，大量的商业地产项目开始开工建设。

（1）2014年3月：《国家新型城镇化规划》颁布实施

促使商业地产成长的两个重要指标——消费和城镇化率。中央颁布实施首个《国家新型城镇化规划》，新规划落实了人口、城市布局、城市规划、住房机制等内容。在新的规划下，一些新的城市区域、产业将迎来全新的发展机遇。

随着新型城镇化的提出，资源不再集中在北京、上海、广州、深圳等一线城市，新城镇群的兴起势必会分流原本拥向一线城市的人流。当地政府维护楼市健康向上的积极性将提升，这也更有利于开发商在城市进行开发运营，从而加速改善性需求的持续释放，进一步利好房地产开发商，这为商业地产的开发运营提供了良好的需求支撑。

（2）2016年：全面实施营改增

继1994年分税制改革以来，营改增又是一次重大的税制改革，也是结构性减税的一项重要措施，有利于促进经济发展方式加速转变和经济结构战略性调整，改革试点意义重大，影响深远。

2016年5月1日起，营改增将试点范围扩大到建筑业、房地产业、金融业、生活服务业，并将所有企业新增不动产所含增值税纳入抵扣范围，确保所有行业税负只减不增。新增不动产投资被纳入抵扣范围，这将鼓励企业投资、购入并持有商业地产，对于从事商业地产的房地产企业来说，也便于它把税负传递给下家，因此，房地产营改增利好商业地产。

（二）广东商业地产的区域分布与集聚发展

2014年，十八届三中全会新型城镇化规划政策的实施，给商业地产带来了巨大的商机，而县级商业也成为现代商业地产的全覆盖体和城镇级过渡的中介体。随着各大零售巨头将实体渠道下沉，在一线大城市饱受"滞胀"之苦的商业地产开发商，在三四线市场获得新一轮的发展机会。商业地产商掘金三四线城市的发展思路与零售商、品牌商将零售渠道向三四线城市下沉的发展思路不谋而合。零售运营商、品牌商、商业地产三者的发展密不可分，零售商和品牌商将渠道向三四线城市下沉，无疑为商业地产在此区域的开发带来机会。

1. 广东商业地产的区域分布及增长趋势

广东商业地产在过去20年间，长时间处于缓慢的发育成长状态，直到2012年之前都是平缓地低速增长，在2012年之后才进入高成长期。如图1所示。

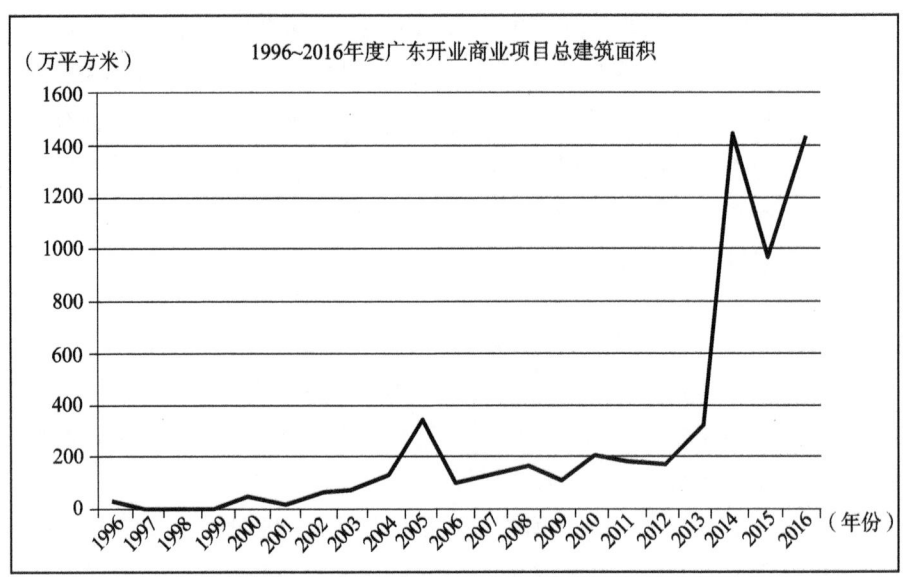

图 1　1996~2016 年广东开业商业项目总建筑面积

如图 1 所示，2006~2012 年间广东商业地产发展处于相对平稳的状态，每年的开业量都没有超过 200 万平方米。

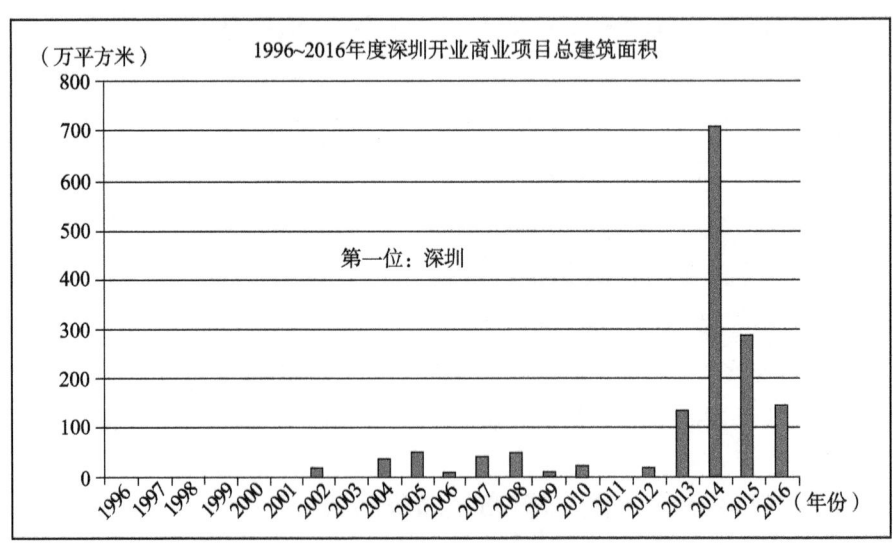

图 2　1996~2016 年广东省内开业商业面积第一位城市——深圳

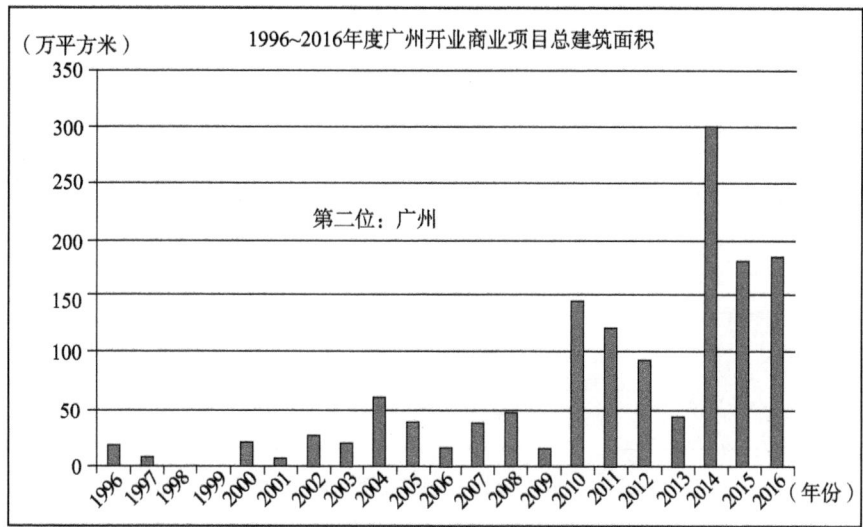

图3 1996~2016年广东省内开业商业面积第二位城市——广州

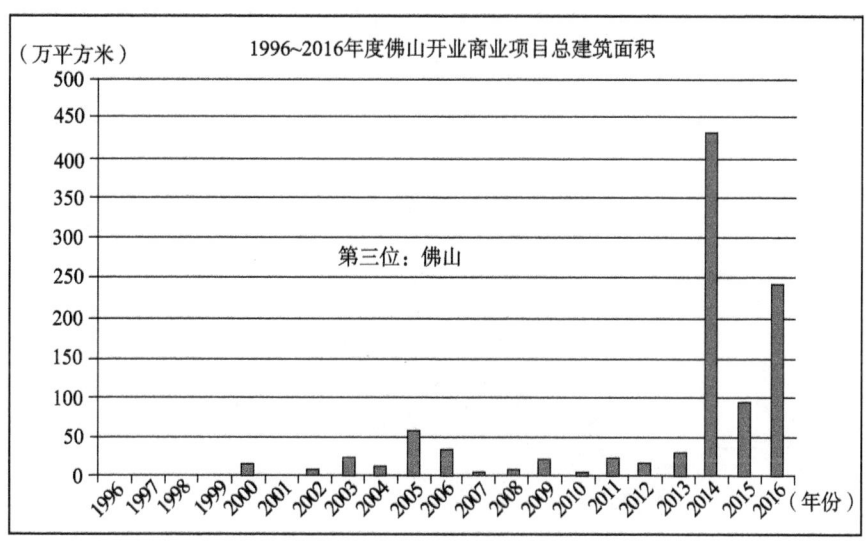

图4 1996~2016年广东省内开业商业面积第三位城市——佛山

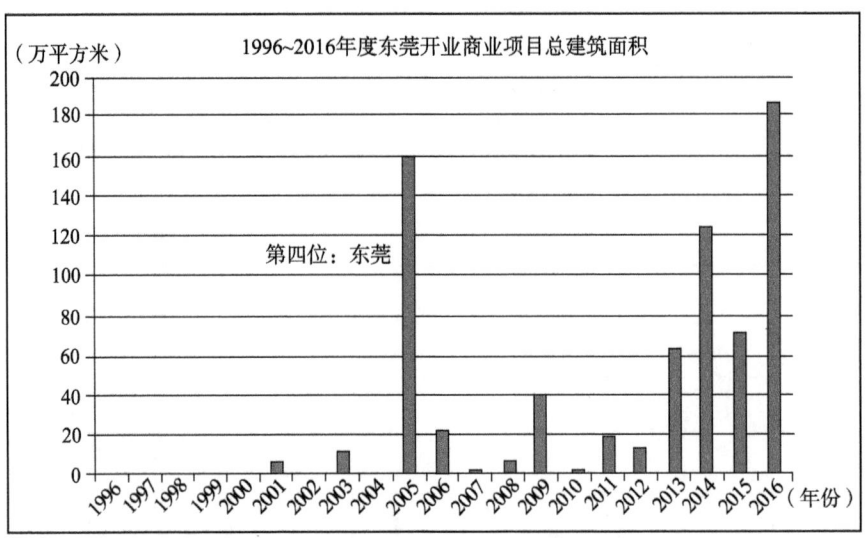

图5　1996~2016年广东省内开业商业面积第四位城市——东莞

从图2~图5中我们可以看到1996~2016年广东省开业商业地产面积前四名的城市发展的变化情况。从2004年起，各城市商业项目的开业数量有上升的迹象，自2013年起，商业项目的发展开始飙升，尤其在2014年达到20年来的顶峰。

纵观2013~2016年的数据（见图6），广东商业地产的发展增速有所波动，从2013年开始迎来拐点并有所上升，分别为2013年325.8万平方米、2014年1444.91万平方米、2015年970.79万平方米、2016年1424.61万平方米。

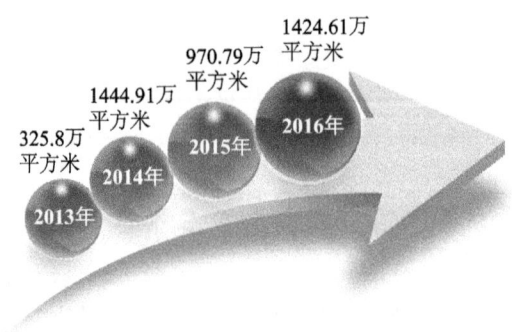

图6　2013~2016年广东商业地产增长趋势

2. 广东商业地产的重点区域与重点商圈

在一二线城市购物中心市场渐趋饱和、竞争激烈、成本攀升的背景下，三四线城市凸显新的发展机会。数据显示，中国三四线城市人口占全国城市人口的53%，而购物中心占比仅为16.5%，数量相对较少，消费模式面临转型，消费体验亟待提升，加上方兴未艾的"造MALL运动"，购物中心的渠道下沉极具想象空间。

（1）广东商业地产的策源地与代表性项目

广东购物中心投资开发迅猛发展，从广州、深圳蔓延至佛山、东莞、中山、湛江等二三线城市，再拓展到其他经济不发达地区甚至到县镇级。城镇化推进的脚步越快，其"MALL热"之火越猛，广东主要城市首个开业商业体项目如表1所示。

表1 广东主要城市首个开业商业体项目一览表

地 区	名 称	面积（万平方米）	开业年份
广州	天河城	16	1996
佛山	南海广场	8	2000
湛江	国贸大厦	3	2000
深圳	中信城市广场	6.75	2002
清远	城市广场	3	2003
肇庆	广百时代广场	7	2005
河源	翔丰商业广场	4	2006
茂名	凯德广场	3.8	2006
韶关	风度名城	13	2007
江门	地王广场	2.3	2007

（2）广东重点城市的商业地产集聚区与商圈构成

商业地产推动新、老商圈焕发新活力。城市综合体是城市进化过程中的重要部分，也是一个城市发展成熟的标志。随着城市综合体项目落地开花，整个华南地区的商业重新焕发活力，并形成新的商业竞争格局。在一线品牌综合体的带动下，逐步形成新的商圈并重塑商业格局，并凭借日渐成熟的商圈，打造出一个全新的核心商圈。广州番禺万博商圈、广州天河路商圈、广州白云新城商圈、佛山禅城桂华路商业带的主要项目汇总如表2~表5所示。

表2 广州番禺万博商圈主要项目汇总

序号	项目名称	面积（万平方米）	投资额（亿元）	投资商
1	万博商务区分布式能源站	0.5502	10	华电福新广东能源有限公司
2	荔园地产中心	3.27	4	广州荔园地产中心
3	番禺现代信息服务业总部基地	30	20	广州市番禺信息技术投资发展有限公司
4	奥园国际中心	34	34	中国奥园地产集团股份有限公司
5	中铁·诺德中心	12.63	25	中铁集团·广州中铁诺德投资有限公司
6	招商·城市主场	12.6	30	招商局地产控股股份有限公司
7	万汇城	12.8	3.8	广州市盛邦房地产开发有限公司
8	万博商务区地下空间综合开发项目	28	28	广州佳创投资集团有限公司
9	番山广场	8.5	12	广州市番禺番山实业发展有限公司
10	番禺敏捷广场	45	39	广州敏捷集团有限公司
11	番禺天河城	38.15	35	广东粤海集团
12	广晟万博城	38	59	广东省广晟地产集团有限公司
13	四海城商业广场	38	28	广州四海一家旅游开发有限公司
14	番禺万达广场	51.15	55	大连万达商业物业地产股份有限公司
15	华新·智汇+	7.2	6.8	广州市华新集团有限公司

表3 广州天河路商圈主要项目汇总

序号	项目名称	面积（万平方米）	投资额（亿元）	投资商
1	天河城	16		天河城集团
2	维多利VT101	14		越秀集团
3	颐高数码广场	逾4		颐高集团
4	天娱广场	6		广州百淘房地产开发有限公司

续表

序号	项目名称	面积（万平方米）	投资额（亿元）	投资商
5	正佳广场	42		广州正佳企业有限公司
6	广百中怡	5		广州天鸿房地产开发有限公司
7	万菱汇	23		万菱实业
8	太古汇	13		太古地产
9	时尚天河	22		时尚集团
10	摩登百货	逾3		广州摩登百货股份有限公司
11	天环 Parc Central	8.3		新鸿基

表4　广州白云新城商圈主要项目汇总

序号	项目名称	面积（万平方米）	投资额（亿元）	投资商
1	白云万达广场	17.4	50	万达集团
2	五号停机坪	10	5.3	广州市精都实业有限公司
3	缤纷天地	约4	3.5	绿地集团
4	凯德广场·云尚	8.6		凯德商用

表5　佛山禅城桂华路商业带主要项目汇总

序号	项目名称	面积（万平方米）	投资额（亿元）	投资商
1	禅城绿地中心	60	100	绿地集团
2	佛山印象城	10		深国投商用置业有限公司
3	佛山万科广场	75	30	万科
4	佛山星星广场	110	60	星星房地产开发有限公司
5	佛山恒福国际	13		广东恒福集团
6	佛山创意产业园	25		
7	绿岛广场	25	10	1506 创意城

（三）华南各城市商业地产的发展现状与前景分析

随着股市重挫带来的流动性，大笔资金转向商业地产。在近几年商业地产大幅入市的背景下，去商业库存已经成为很多开发商需要考虑的问题。就以二线城市佛山市为例，2014年以来，商业综合体建设呈爆发式增长，到目前为止，仅综合体就已经有1033.841万平方米的商业供应。据统计，未来3~5年，佛山在营、新建、待建的商业综合体将达到477万平方米，在2012年的基础上翻了一番。如此多的综合体及商业开发，一定会带来同质化竞争及后期能否运营成功的风险。

表6 1996~2016年广东省开业商业项目城市排名

排名	城市	总建筑面积（万平方米）	开业（家）	人均面积（平方米/人）	人均面积全省排名	2015年社会消费品零售额全省排名	2015年GDP全省排名
1	深圳	1654.141	101	1.54	2	2	2
2	广州	1392.35	120	0.83	6	1	1
3	佛山	1033.841	62	1.44	3	3	3
4	东莞	734.7	43	0.88	5	4	4
5	中山	526.56	31	1.69	1	8	6
6	惠州	321	19	0.68	7	9	5
7	湛江	272.52	17	0.38	9	6	7
8	珠海	209.6	10	1.28	4	11	10
9	梅州	200	9	0.46	8	17	17
10	江门	153.7	13	0.34	10	10	9
11	肇庆	136.9	12	0.337	11	13	11
12	阳江	71.5	6	0.28	12	14	15
13	云浮	51.8	4	0.21	13	20	21
14	揭阳	43	2	0.071	17	12	12
15	汕头	41.3	5	0.074	15	5	13
16	河源	34	5	0.11	14	19	19
17	清远	27.3	3	0.071	17	16	14
18	韶关	21.5	3	0.073	16	15	16

续表

排名	城市	总建筑面积（万平方米）	开业（家）	人均面积（平方米/人）	人均面积全省排名	2015年社会消费品零售额全省排名	2015年GDP全省排名
19	汕尾	19.5	2	0.064	19	18	20
20	茂名	14.8	3	0.024	20	7	8
合计		6960.012	470				

注：以商业体总建筑面积排名。

资料来源：据第一商业网不完全统计。

从人均商业面积全省排名来看，从表6中可以看出，最高的为中山市，1.69平方米/人。

分层次看，1996~2016年间，华南商业地产总体分为四个梯队：第一梯队为排名前四位城市，包括广州、深圳、佛山、东莞四市；第二梯队为潜力城市，包括茂名、湛江、揭阳三市；第三梯队为发展过热、趋热城市，包括珠海、梅州、云浮、中山、阳江、河源六市；第四梯队为发展平稳、温和城市，包括江门、韶关、肇庆、清远、汕头五市，如图7~图10所示。

广州	深圳	佛山	东莞
20年总建筑面积：1392.35万平方米	20年总建筑面积：1654.141万平方米	20年总建筑面积：1033.841万平方米	20年总建筑面积：734.7万平方米
2015年人均面积：0.83平方米/人 人均面积全省排名：6 2015年社会消费品零售额全省排名：1 2015年GDP全省排名：1	2015年人均面积：1.54平方米/人 人均面积全省排名：2 2015年社会消费品零售额全省排名：2 2015年GDP全省排名：2	2015年人均面积：1.44平方米/人 人均面积全省排名：3 2015年社会消费品零售额全省排名：3 2015年GDP全省排名：3	2015年人均面积：0.88平方米/人 人均面积全省排名：5 2015年社会消费品零售额全省排名：4 2015年GDP全省排名：4
最被看好	理性、乐观	相对理性、审慎乐观	后发优势明显

图7 华南商业地产第一梯队

第二：潜力城市榜

茂名
- 20年总建筑面积：14.8万平方米
- 2015年人均面积：0.024平方米/人
- 人均面积全省排名：20
- 2015年社会消费品零售额全省排名：7
- 2015年GDP全省排名：8

最具潜力

湛江
- 20年总建筑面积：272.52万平方米
- 2015年人均面积：0.38平方米/人
- 人均面积全省排名：9
- 2015年社会消费品零售额全省排名：6
- 2015年GDP全省排名：7

后市看好

揭阳
- 20年总建筑面积：43万平方米
- 2015年人均面积：0.071平方米/人
- 人均面积全省排名：16
- 2015年社会消费品零售额全省排名：12
- 2015年GDP全省排名：12

后市看好

图8 华南商业地产第二梯队

警惕 发展过热、趋热城市榜

珠海
- 20年总建筑面积：209.6万平方米
- 人均面积：1.28平方米/人
- 人均面积全省排名：4
- 2015年社会消费品零售额全省排名：11
- 2015年GDP全省排名：10

中山
- 20年总建筑面积：526.56万平方米
- 人均面积：1.69平方米/人
- 人均面积全省排名：1
- 2015年社会消费品零售额全省排名：8
- 2015年GDP全省排名：6

梅州
- 20年总建筑面积：200万平方米
- 人均面积：0.46平方米/人
- 人均面积全省排名：8
- 2015年社会消费品零售额全省排名：17
- 2015年GDP全省排名：17

阳江
- 20年总建筑面积：71.5万平方米
- 人均面积：0.28平方米/人
- 人均面积全省排名：12
- 2015年社会消费品零售额全省排名：14
- 2015年GDP全省排名：15

云浮
- 20年总建筑面积：51.8万平方米
- 人均面积：0.21平方米/人
- 人均面积全省排名：13
- 2015年社会消费品零售额全省排名：20
- 2015年GDP全省排名：21

河源
- 20年总建筑面积：34万平方米
- 人均面积：0.11平方米/人
- 人均面积全省排名：14
- 2015年社会消费品零售额全省排名：19
- 2015年GDP全省排名：19

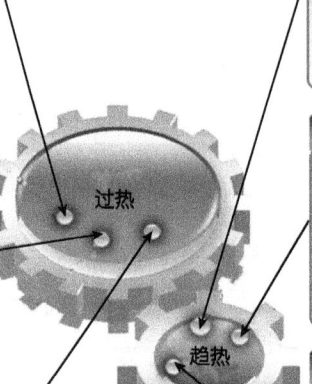

过热 / 趋热

图9 华南商业地产第三梯队

图10 华南商业地产第四梯队

（四）华南商业地产的重点企业和模式创新

商业地产是一个资金密集型的投资行业，需要雄厚的资本来支撑，开发一个项目所占用的资金量是非常庞大的，如果不借助于各种融资手段，开发商将寸步难行。同时，融资渠道作为产业链中的首环，一直以来便是商业地产开发的瓶颈，当前商业地产开发企业的融资渠道比较单一，资金来源主要是银行贷款、自筹资金及其他资金（主要是定金及预付款）等方面。

在商业地产高速发展的20年中，商业地产行业的行业集中度已越来越高，逐渐成为一个寡头垄断的行业。房企融资能力将决定其生存能力！对实力较为薄弱的中小房企或相关企业的房地产业务而言，脱离房地产市场的情况也就会不断出现，寻找新的融资渠道已迫在眉睫，对此，房地产开发企业使出了浑身解数，从而涌现出多种经营模式，例如以下几种模式：

（1）天河城广场：只租不售的商业神话

20世纪90年代，国内尚无购物中心这一新型商业业态，天河城的开业使其成为国内第一个多功能的购物中心。90年代初期，广州市重点发展天河区，确立了天河体育中心一带为广州市CBD，广州市大力发展轨道交通，地铁1号线通过天河城。随着广州市经济的飞速发展，消费者对购物、餐饮、娱乐的需求增加，进一步催生了天河城，天河城以"TEE MALL"为经营定位，以经营中高档产品为主，是迄今为止广州经营最成功的大型综合商场。

分析其经营成功的原因，主要有以下几点：①在开业初期，天河城的经营策略为吉之岛、天贸南大等大商家带动其他商铺的兴旺；②天河城为广州首家"只租不卖"的综合商场，由于没有分散卖，从而能让整个商场执行统一经营、统一管理的策略；③根据市场变化，不断创新，错位经营。随着天河商圈竞争的加剧，天河城在经营管理上依据市场变化，在提升商场装修档次的基础上调整经营品牌，引进一线品牌商家，走高档路线，与周边其他商场错位经营，从而保证商场的持续兴旺。

（2）万达模式：快速建设＋自有资金＋销（预）售回款＋经营性抵押贷款＋银行融资

万达集团用最少的资金、最快的建设速度，以销售商铺的模式快速回笼资金。万达集团的资金来源包括企业自有资金、银行融资、预售回款，其中，预售回款占大头，基本可以回笼开发资金。2014年以来，万达集团在国内保持每年约建设20个万达广场的节奏，同时连续签约和开工了5个万达文化旅游城，每个总投资额都有三四百亿元。万达集团一年要竣工20个万达广场，一个万达广场银行抵押贷款十亿八亿没问题，任何一年竣工物业抵押贷款获得的现金流都相当于一次上市。

相关资料显示，万达集团是国内最早尝试经营性抵押贷款的企业。工商银行、中国银行、农业银行三家银行总行和两家股份银行都与万达集团有银企合作协议，每家给万达集团的授信高达几十亿元。银行贷款、低价拿地，通过销售物业和土地融资基本完成项目建设，商场开业之后的租金收入以及经营性抵押贷款，可以支持其完成后续建设和还贷，甚至成为下一个项目的启动资金。

（3）越秀地产模式：开发＋商业运营＋资本运作（REITs——房地产信托投资基金）

越秀地产和越秀房地产信托投资基金这两个平台实现常态化互动，建立了一个"开发＋商业运营＋资本运作"模式。只要商业地产项目回报率达到要求，就可以把项目注入房地产信托投资基金，地产与金融相结合，实现二次证券化。地产公司以此回笼资金，保证现金流顺畅；而优质的商业地产在出售后仍然由房地产信托投资基金经营，越秀集团还可以继续享受资产升值和营运利润，从而让企业的资金和负债率得到有效控制，负债率下降，利润率自然提高，企业在香港股市的融资能力也能得到进一步的提升。事实证明，越秀地产的REITs的确很强大。

包括广州IFC、财富中心、财富天地广场等位于核心地段的优质商业项目，越秀地产目前共拥有总面积达300万平方米的优质商业地产项目，资产规模在在港上市房企中排名第二。

（4）凯德置地模式：国际化的私募基金+房地产投资信托（REITs）

凯德置地以私募基金为项目开发提供资金支持，待商业物业成熟后，私募基金则在向REITs输送项目的同时退出。

凯德置地作为跨国企业，擅长做房地产金融，有一整套国际化的企业管理、项目开发模式，风险控制、信息披露规范准确。早在2003年，其母公司新加坡嘉德置地就发起了"凯德置地中国住宅基金"私募基金，专门用于中国主要城市中高档住宅房地产项目开发。2005年，又成立了规模达4亿美元的"凯德中国发展基金"，专门用于在中国进行房地产投资，吸引了包括花旗集团在内的投资者。2012年，资金总额高达10亿美元的"凯德商用中国发展基金Ⅲ"也成功设立。目前凯德集团是亚洲最大的房地产基金管理者之一，集团旗下共管理6只房地产投资信托（REITs）和17只私募基金，其中涉及中国业务的投资信托有2只，私募基金有12只。

（5）华润模式："都市综合体、住宅+区域商业中心、住宅+欢乐颂"

从2004年开始，华润集团改变以往专注住宅地产的单一开发模式，开始探索以商业地产开发带动住宅销售的创新之路。目前，华润置地已形成清晰的商业地产架构，上述三种商业开发模式并举。

综合体模式体现了华润集团独特的竞争力。其成名作是深圳的华润中心，这个历时8年、总投资达60亿港元的项目，是深圳第一个也是迄今为止最大、最高端的综合体，在2009年卖出了深圳非别墅类住宅最高单价。

50万平方米的华润万象城，汇集了LV、GUCCI、PRADA、CARTIER

等十多家国际一线品牌的旗舰店，不仅开创了深圳购物中心难以逾越的典范，也成为全国商业 SHOPPING MALL 的标本。华润置地每年新开 1~2 个持有型物业，通过稳定持续的租金收益，提高抵抗行业周期波动风险的能力以提高商业物业占整体盈利的比重。

（6）"返租回报"：以返租的形式销售产权商铺，快速回笼资金

所谓"售后返租"，是指房地产开发企业为促进销售，在其楼盘或商铺出售时与买家约定，在出售后的一定年限内，由开发企业以代理出租的方式进行包租，或者直接由该企业承租经营使用，包租期间或者承租期间的租金冲抵部分售价款或偿付一定比例的租金回报。

对于业主来说，返租的最大诱惑力在于，在返租期内，即使商铺长时间空置，业主仍然能够收到租金；而对于开发商来说，可以快速出售房产并回笼资金，这似乎真是一种双赢的经营模式。

1998 年，当时广州最高档的商用物业之一——新中国大厦的开发商以"买铺返租 5 年、小业主每年可坐收租金 12%"的高额返租方式实现了 7 亿多港元的销售业绩，6 层楼商铺几乎售罄，创造了广州商业地产单价最高的神话。但小业主在收到 3 个月的返租租金后，大厦却因资金链断裂而一直烂尾至今。虽然 2010 年该大厦终于通过法院拍卖，由新东家盘活了，但当年小业主们的利益仍有待法院逐个清理判决，当年开发商的返租承诺，早成了一纸空文。

其实早在 2001 年，原国家建设部公布的《商品房销售管理办法》中，就对预售房地产项目的售后返租下了禁令，规定开发商不得采取售后包租或者变相售后包租的方式销售未竣工商品房。2006 年 5 月，原国家建设部又对当时再度盛行的"返租经营"再次发文，明确"售后包租"、"承诺回报"等为房地产广告明令禁止的内容。

就这种"以返租的形式销售产权商铺"快捷回笼资金的操作方式来说，新中国大厦的经营模式无疑是失败的；但亦有成功的案例，如中华广场和佛山南海嘉洲广场。中华广场一期的部分商铺就采取了售后回租的方式经营，根据售后回租协议，中华广场将物业的业权转让给买家，而买家同意将物业回租给中华广场，租期介于 2~5 年（1999 年至 2004 年期间），买家可赚取 12% 的

年租金回报，从2000年至2004年，确认的售后回租的销售额分别为48300万元、5600万元、5600万元、5600万元和5600万元。租赁期完结后，物业归买家所有。在售后回租的经营策略下，中华广场一期能更快地出售物业，加快现金回笼。佛山南海嘉洲广场亦以10年返租的促销方式销售商铺，开业后几年内迅速井喷发展，让嘉洲广场赢得了"东有天河，西有嘉洲"的美誉。

总而言之，"资本决定一切"。上述各种融资模式，有的可能容易复制，有的则不行，比如万达的模式，基本上属于"挖走人也挖不走模式"的那种融资与资本运作方式；而"产权式销售、售后包租返租"容易陷入融资的法律误区，且由于销售物业过多，容易造成商厦整体失去品牌定位、不易管理、有市无价等问题。关键还是要找到适合自己的融资渠道，无论是住宅还是商业地产，将"定位开发+管理经营+资本运作"融为一体，才是做房地产业的赢家之道。

（五）华南商业地产的业态变革与发展趋势

中国购物中心的发展历史较短，从20世纪80年代末期出现至今，经历了由早期百货升级带动开发商主导的快速发展阶段，即"百货+超市"阶段。特别是在近几年，购物中心作为宏观调控的"绿洲"得以迅速发展，而消费群体特征的演变和需求的提升也为此提供了一定空间。

从20世纪90年代初期开始，随着中国改革开放和城市建设进程的不断加快以及居民生活需求的逐步提升，一批具有战略眼光的投资人开始关注到中国零售房地产市场的前景和机会，开始了建设中国购物中心的主动尝试。以天河城广场为代表的一批商家率先导入"百货+超市+X"弹性模式的购物中心开发运营理念，这标志着购物中心作为新型房地产投资形式开始在中国出现，从而成为中国购物中心真正的起源。

（1）百货商场向购物中心转化之路

随着我国20年的商业高速发展，商业环境发生了翻天覆地的变化。传统百货业由早期的单店经营、孤军作战、势单力薄、竞争力弱，在历经了新中国商业体制的转型、改革开放的浪潮、中国加入世界贸易组织（WTO）的洗礼后，感受到了空前的竞争压力。显然，传统单一的百货模式已无法满足市场需求，更难以在竞争中取得优势，加上面临购物中心的竞争和房租成本的飞速增长，很多百货商场也调整了经营结构，开始向介于百货商场和购物中心之间的中间地带进化。

中国经济和城市建设迅速发展，使得购物中心的成长基础日趋完备和成熟，部分百货企业采取了"零售+商业地产"的运营方式：一方面以地产利润弥补百货业利润之不足，另一方面也能够以百货业作为招牌，提升商业地产的价值。

比如，广百百货就意识到单兵战略的不足，不仅在广州继续开拓市场，还在广东省内的湛江、肇庆、惠州、河源、三水等地不断开设分店，甚至还尝试省外扩张，将门店开在了武汉、成都。广百百货新建的百货商场亦正走在复合化的路上，其在花都、增城的店都是以购物中心模式出现的。

深圳天虹商场也将扩张的步伐迈向全国，截至2015年底，天虹商场进驻广东、江西、湖南、福建、江苏、浙江、北京、四川共计8省（市）的18个城市，拥有综合百货商场61家、特许经营门店1家、购物中心3家，以及便利店166家。

近年来，王府井百货开始了向国内二三线城市的攻城略地，截至2010年末，王府井百货已经在全国15个城市拥有22家百货门店，分别位于北京（6家门店）、广州、武汉、成都、包头（2家门店）、重庆（2家门店）、呼和浩特、洛阳、长沙、西宁、乌鲁木齐、太原、兰州、昆明以及株洲，其中大部分门店分布在二三线城市。门店数量的增加增强了百货企业的连锁优势，在塑造企业品牌知名度方面卓有成效，同时也增加了企业营业额，使企业的销售利润稳步上升。

（2）品牌与购物中心共同成长

购物中心在中国如雨后春笋般涌现，其市场参与者也在行业中快速发展，在复杂的市场环境中不断成长并调整模式。如果说购物中心的定位是灵魂、业态及品类组合是骨骼的话，品牌布局就是血肉，只有品牌分布合理、"荤素"均匀搭配，才能充分体现购物中心的整体魅力。随着行业竞争加剧及零售能力增强，越来越多的购物中心进一步明确定位，并基于差异化定位和目标消费群体进行品牌调整。很久以来,业内普遍认同购物、餐饮、娱乐为5:2:3的业态配比。然而,这一比例正被逐渐打破,购物、餐饮、娱乐并驾齐驱的配比并不少见。随着商业的发展,消费者的行为和需求已经由原来的基本生活需求转变为私人定制,追求小众化、非主流;由高端消费向大众消费倾斜;消费观念从购买产品转向购买服务。消费者越来越重视购物的体验,观影、吃饭、KTV等已成为消费者光顾购物中心的日常消费项目。

因此,大批品牌商结束了单打独斗的经营模式,"顺势而为"抢滩入驻购物中心并与其互相促进、互相扶持、共同进步。对于商业地产而言,这不仅可以产生更多具有创新性的新兴品牌,也为零售实体商业带来更多新生力量,如百货、超市、电影院、儿童业态等主力店也与购物中心共同成长。在多元化业态的竞争下,购物中心涌现出一批锐意创新品牌,如九毛九、遇见小面、港丽茶餐厅、江湖情酸菜鱼、鑫桂园、探炉、温祈福酒家、班尼路、依妙、百丝、宾宝、金逸影院、活力无限、大海豚、堂会等。

资料显示,九毛九从1995年在海南开设第一家酒楼,到2010年转型之前,都没有找到企业成长的突破口。当时千坪以上的酒楼式布局以及多达180道左右的菜品,既放缓了品牌扩张的脚步,也无法充分展现品牌特色从而增强顾客的认知。2010年,万达广场首次进驻广州,九毛九就在万达广场开设了自己第一家SHOPPING MALL形式的餐厅,并且从此一发不可收拾。随着SHOPPING MALL的走红,九毛九在2011年迅速形成了自己主打购物中心的策略,到2015年为止,其135家分店中95%的店铺位于购物中心。

就购物中心运营层面而言,电影院绝不仅是商业面积的消化者,其不仅能为新购物中心带来宝贵的人气,还能延长留客时间,为时间型消费创造商机,更是购物中心整合运营资源的最佳助手。院线近几年正在经历一个"攻城略地"的时代,除工人文化宫、传统综合剧院和独栋电影城外,几乎都选址在购物中心或者商业综合体里。影院和商场共享不同的消费人群,共同提升双方业绩,这也使得越来越多的地产商在其开发项目中预留影院的建设空间,后期通过出租或自营的办法收获更大利润。

在影院和商场还在就入驻条件互撕的时候,万达集团就已经进入"商场、影院共同经营"的模式。万达集团董事长王健林曾坦言:一开始做文化产业是被动的,觉得购物中心光靠卖东西是不行的,于是就想搞电影院、卡拉OK、电子游戏。截至 2015 年底,万达拥有 133 家万达商业广场,万达院线旗下 228 家影院中有 129 家入驻商业广场,1 家入驻万达文化中心,1 家入驻万达旅游小镇,也就是说,97% 的万达广场中都有万达影院。另外,万达集团在 2016 年开业 50 座万达广场,2 座万达文化旅游城,万达影院也以主力店的身份亮相。

和国内其他院线相比,万达院线拥有天然优势:旗下影院均为直营,万达广场开到哪里,万达影院就驻扎到哪里,这种"院线捆绑地产"的模式很容易聚拢人气,自然就容易盈利。以 2015 年为例,万达院线以占全国 3.5% 的影院数量获得 14% 的票房,在全国百强影院中占有 41 家,票房收入、市场份额、观影人次稳居全国第一。

万达这种商场、影院共营的模式无疑是十分成功的,虽然不容易复制,但也给了业界一些启示,商场和影院绑定的模式对两者来说都是当前甚至未来的最佳选择。

(3)"智慧化"将成购物中心标配

目前,我国购物中心所呈现的整体趋势是:正在由一二线发达城市向三四线城市快速延伸覆盖;从大而全向主题化、精细化的方向转变;向年轻化、时尚化、精品化方向演进;选址开始向城市新兴商圈或城郊转移;服务定位更注重生活配套、家庭娱乐的主题。但在市场高度泡沫化以及电商的冲击下,购物中心的发展疲态渐显。

2015 年 5 月,阿里喵街问世;2015 年底,万达飞凡上线;此外,还有万江龙智慧商圈以及大悦城等自建"智慧化"。中国购物中心以企业自主、强强联合、入驻平台三种路径走向智慧化新时代。阿里喵街、万达飞凡等都基于 Wi-Fi、iBeacon 技术的智慧化解决了购物中心停车、找店、排队等难题,提供了消费积分、个性推送、互动营销等功能,顺应了"互联网+"的转型方向,增强了购物中心的娱乐、体验色彩,受到消费者青睐和商家注目也在情理之中。2015 年圣诞期间,阿里喵街、万达飞凡各联合数百家购物中心发力营销,盛极一时,一个跨境共融合、"智慧平台+购物中心"的营销模式清晰浮现。

（六）华南商业地产发展面临的挑战与转型升级

近年来，大型综合购物中心已经迅速成为不少城市商业零售市场的主力军，而传统的商业物业已经很难满足它们对硬件和软件的要求，这给房地产行业留下了巨大的市场空白，于是融合传统流通业与地产业的商业地产企业应运而生。令人遗憾的是，广东至今还缺少一个像万达、大悦城一样的全国性品牌，没能做到大规模的复制，最多只是在广东发展，走出省内的甚少。

（1）华南商业地产本土企业的成长与区域经济不匹配

2015年，广东省社会消费品零售额比北京、天津、上海、重庆的总和仅略少730多亿元，仅广州一市就远高于黑龙江、山西等14个省、自治区中的任何一个（见表7）。总体来说，广东市场的土壤是非常肥沃的，吸引了万达集团、凯德置地等一批外来企业对广东市场进行攻城略地，而本土企业或许受制于体制、资本实力等限制，近年来建树甚少。

表7　2015年全国各省市区社会消费品零售总额

区域		总额（亿元）
广东省		31333.44
四直辖市	北京	10338
	天津	5245.69
	上海	10056
	重庆	6424.02
北京、天津、上海、重庆四市合计		32063.71
广州		7932.96
黑龙江		7640.2
山西		6030
内蒙古		6107
江西		5896
广西		6348.06
海南		1325.1
贵州		3283.02
云南		5103.15

续表

区域	总额（亿元）
西藏	408.08
陕西	6578.11
甘肃	2907.22
青海	691
宁夏	789.6
新疆	2602

（2）广东商业地产缺少全国性品牌

本土企业可能受制于体制、资本实力等问题，作为本土商业地产企业的华润集团，自2004年在深圳开业了第一家"万象城"之后的十几年间再没有在广东开出第二家，反而是在省外不断攻城略地（见表8）。与之相反，外来资本与外资企业对广东市场却一致看好。

万达自2010年进入广东市场，短短6年间已开业15家广场；仅在2016年就开业5家。

表8 万达广场广东项目一览表

项 目	总建筑面积（万平方米）	商业地产面积（万平方米）	开业时间
广州白云万达广场	56.3	17.4	2010年12月17日
东莞长安万达广场	37.4	18	2013年7月20日
东莞东城万达广场	55	23	2014年9月12日
佛山南海万达广场	70		2014年8月29日
增城万达广场	40		2014年5月16日
江门万达广场	61.52	21.45	2014年11月28日
广州南沙万达广场	40.85	17	2015年12月22日
东莞厚街万达广场	61	15	2015年11月6日
广州番禺万达广场	51.15	21.63	2014年11月8日
广州萝岗万达广场	42	17.2	2015年7月17日
湛江万达广场	74	17	2016年6月25日
梅州万达广场	69.14	13	2016年9月23日
佛山三水万达广场	55	13	2016年11月18日

续表

项 目	总建筑面积（万平方米）	商业地产面积（万平方米）	开业时间
东莞虎门万达广场	45	14.6	2016年12月16日
清远万达广场	12.6	12.6	2016年12月29日

注：数据统计截止到2016年12月31日。

表9　凯德广场广东项目一览表

项 目	总建筑面积（万平方米）	商业地产面积（万平方米）	开业时间
佛山凯德广场	4.9115		2006年12月20日
茂名凯德广场	3.8		2006年12月28日
湛江凯德广场	4.8		2008年1月19日
东莞凯德广场	4.4		2009年1月
肇庆凯德广场	5.5		2009年5月
广州凯德广场	8.7		2015年12月31日

注：数据统计截止到2016年12月31日。

表10　华润万象城开业项目一览表

序号	城市	总建筑面积（万平方米）	商业地产面积（万平方米）	开业时间
1	深圳华润万象城	55	18.83	2004年12月9日
2	杭州华润万象城	80	27	2010年5月
3	沈阳华润万象城	25	15	2015年9月30日
4	成都华润万象城	31.76	24.4	2012年5月11日
5	南宁华润万象城	90	27.4	2012年9月1日
6	郑州华润万象城	80	22	2014年4月19日
7	重庆华润万象城	100	35	2014年9月19日
8	无锡华润万象城	40	24	2014年12月20日
9	合肥华润万象城	33	18	2015年9月25日
10	青岛华润万象城	60	45	2015年4月20日
11	赣州华润万象城	19	9	2015年9月19日
12	温州华润万象城	48	15	2016年4月30日

注：数据统计截止到2016年12月31日。

相比于在一二线城市角逐的商业地产大鳄，某些深入到三四线城市发展的房企，其规模与发展速度同样不容小觑，广东富港集团就是这样的代表。2004年开发第一个商业项目佛山三水广场至今，富港集团的东汇城产品线持续发力，增城东汇城与开平东汇城开业后，梅州、三水等地的项目也逐个面世。

作为中山市本土最具实力的城市商业地产运营商，大信置业在中山市已经开业了石岐大信新都汇、小榄大信新都汇、古镇大信新都汇、远洋大信新都汇、东凤大信新都汇、新悦大信新都汇、阜沙大信新都汇、新家园大信新都汇以及大信·悠客街溢彩荟9大商业项目。2017年1月20日，大信商用信托（Dasin Retail Trust）正式在新加坡交易所主板上市，计划募资1.46亿新加坡元（约7亿元人民币），每单位发售价为0.80新加坡元（约3.9元人民币），是中国大陆首个在新交所主板上市的民营商业地产企业商业信托。

（七）小结：华南商业地产的明天会更好

中国的商业地产应该说起步较晚，但是发展迅速。一些实力雄厚的房地产开发企业、商业地产开发企业市场份额越来越大，一些优秀的商业地产项目已经成为商业地产的先锋。

"办法总比困难多"，展望未来，凭借着广东商业地产的先发优势及肥沃的市场土壤，发挥广东人"敢为人先、务实进取、开放兼容、敬业奉献"的精神，我们相信广东商业地产同仁们将无惧风浪，披荆斩棘，再创经典。同时我们也要感谢万达、凯德等一批外来企业所产生的"鲶鱼"效应，在搅动广东商业地产市场的同时，也与本土商业共同成长壮大。随着未来世界经济的发展，我们非常乐观地判断商业地产需求潜力依然是巨大的，中国的商业地产明天会更好！

华南商业地产风云二十载启示录

专题报告

一、广东购物中心20年：造MALL愈来愈热 体验式业态崛起[①]

作为商业竞争进入城镇一体化阶段、资本高度集中的综合产物，购物中心可以说是目前世界上最先进、最高级的商业形态。随着珠江三角洲（珠三角）城市居民生活水平的提高、城镇化进程加快，消费结构和习惯发生较大变化，同时政府对外资和民营资本进入商贸流通业的限制放宽，加之天河城等第一代购物中心的开发成功示范效应，20年来，广东购物中心开发一直热度不减。

（1）天河城引发广东造MALL热潮

随着20世纪90年代后期以天河区为代表的新城区的发展、广州城市中心的东移、人均可支配收入的提高、消费观念的转变，1996年2月9日开业的天河城（图1为其试业典礼），以其区位优势和统一规划管理、只租不卖的模式，

图1　1996年天河城试业典礼

---

① 本部分由吴婕秋撰写。

成为"广东最大的收银机",成为中国大陆购物中心发展史上最成功的项目之一。1999年6月28日,广州地铁1号线开通,更刺激了天河城的"荷包"日益膨胀。

在此背景下,广东开始第一波造MALL热潮,其标志就是广州城内四大购物中心——中华广场、时代广场、亿安广场和中旅商业城几乎同时降生。而2000年9月相继开业的湛江国贸大厦和南海广场,则显示这股造MALL热潮出现区域扩散势头。广东省内主要城市首个购物中心概况如表1所示。

由于地少人多、城市空心化特征不明显、黄金商圈分布集中、受香港地区购物中心风格影响较大等原因,广东第一代购物中心有着区别于欧美发达国家MALL的特点:选点于闹市而非城郊;多是利用商业裙楼,或集写字楼、酒店、商场于一体,功能侧重商务、商业而非纯粹凸显休闲、娱乐、购物概念;门前少有浩大的停车场;大多为楼层颇多的商场,少见以平面展开、两层为限的建筑(欧美大MALL一般不超过四层);由于资金压力,很多开发商急于出售部分商铺缓解压力而使产权分散;往往是投资商的个人投资行为,而很少受到地区商业发展规划的制约或支持,容易产生扎堆现象。

表1　广东省内主要城市首个购物中心概况

地区	名称	面积	开业年份	主力店
广州	天河城	16万平方米	1996	天河城百货、永旺超市、飞扬影城、天梦宫游戏机中心
佛山	南海广场	8万平方米	2000	天蓝百货、信和超市
湛江	国贸大厦	近3万平方米	2000	爱家超市、国美、美奇乐园、品牌时装皮具城、金银珠宝一条街、数码通讯廊
深圳	中信城市广场	6.75万平方米	2002	永旺超市、中航健身会、新南国影城、海港餐饮
清远	城市广场	3万平方米	2003	益华百货、金伦大酒楼、喜点KTV、文华书城、大地影院
肇庆	广百时代广场	7万平方米	2005	广百百货、广百电器、广百超市、必胜客、肯德基、周大福
河源	翔丰商业广场	2.1万平方米	2006	大地影院、麦当劳
韶关	风度名城	13万平方米	2007	大润发、风度欢乐世界
江门	地王广场	2.3万平方米	2007	大地数字影院、大昌超市、欢乐新天地

（2）从一线城市向二三线城市渗透

进入21世纪，珠三角城市居民生活水平提高，城镇化进程加快，消费结构和习惯发生较大变化，同时政府对外资和民营资本进入商贸流通业的限制放宽，加之天河城等第一代购物中心的开发成功，在珠三角发达地区，购物中心产业迎来第二波投资热潮。

2003年，抵挡不住造MALL热潮的诱惑，各路商业诸侯开始"跑马圈地"。据不完全统计，短短三年内，珠三角地区诞生了15个面积在10万~60万平方米的MALL。

由于商业地产开发过热，2004年3月4日，国家四部委（银监会、商务部、发改委、建设部）召开第一次碰头会，彻查全国商业地产行动正式启动。

当2005年广东人均GDP超2万元后，广东购物中心的发展出现了质的飞跃，2005~2008年间开业数达113家，主要集中在经济发达的广州、深圳，尤其是珠三角地区，占据了新增总量的半壁江山。从这一时期开始，造MALL运动也从大城市向二三线城市以及珠三角集镇扩展，几乎每一个经济较发达地区的地级市都有建筑面积超10万平方米的购物中心。

都市型的购物中心在城市中心区产生了明显的扎堆现象，而郊区型的购物中心则借助用地成本的降低，大多以平面型的组团形式进行开发，并且有向珠三角腹地二三线城市渗透的趋势。

在珠三角的东莞、中山乡镇，佛山的禅城、南海、顺德区等街镇，购物中心越来越被达到小康生活的居民所接受和欢迎，显示出购物中心已逐渐成为全面进入小康社会的主导零售业态。南海大沥的南海新都汇、黄岐的嘉洲广场、顺德陈村的顺联广场、容桂的天佑城、三水的三水广场、东莞厚街的明丰广场等，成为其中的佼佼者。当然，在城市中心地段，都市型购物中心不乏众多"巨无霸"商业地产项目涌现，如总建筑面积超过80万平方米的佛山东方广场以及总建筑面积达42万平方米的广州正佳广场（见图2）。

从投资主体看，多元化资本介入购物中心产业，房地产业与零售业的结合越来越紧密，商业地产成为众多地产商和零售商兼型或转型的主攻方向。

图2 广州正佳广场

主打旅游产品的深圳华侨城股份有限公司（简称华侨城）联手铜锣湾涉足购物中心，靠玻璃幕墙起家的中山市盛兴投资有限公司兴建大信新都汇；以饮食业发迹的南海新世纪大酒楼开发了大沥商业步行街；主营地产的广州市城市建设开发有限公司（简称城建总）推出维多利广场和财富广场；华润集团精心打造万象城项目；中山壹加壹超市自建购物广场。2003~2008年广东省内开业的主要购物中心概况如表2所示。

表2 2003~2008年广东省内开业的主要购物中心概况

地区	名称	开发商	面积（万平方米）	开业年份	主力店
佛山	东方广场	东建集团	80	2003	永旺超市、东方书城、东方数码港、德胜楼、东方儿童世界

续表

地区	名称	开发商	面积（万平方米）	开业年份	主力店
广州	正佳广场	广州市正佳企业有限公司	42	2005	百佳、广州友谊、飞扬影城、极地海洋世界
深圳	金光华广场	深圳市金光华实业集团有限公司	12	2004	百佳、南国影城
深圳	万象城	华润集团	18.8	2004	RéEL时尚生活百货、华润万家Olé、橙天嘉禾影城、"冰纷万象"滑冰场
东莞	华南MALL	东莞市三元盈晖投资发展有限公司	45	2005	铜锣湾百货、加拿大IMAX、百安居、阿玛百货（后陆续撤出）
佛山	嘉洲广场	佛山市南海伟林盛实业投资有限公司	12	2006	嘉洲百货、卜蜂莲花、嘉洲食通天
佛山	顺联国际购物中心	顺联集团	4.5	2006	百佳、锦绣豪门、星巴克
佛山	顺联广场	顺联集团	12	2004	华润万家、京华美食城、天星电影城
佛山	容桂天佑城	佛奥集团	12.5	2005	乐购、儿童欢乐天地、大地数码影城
佛山	三水广场	富港集团	15	2005	卜蜂莲花、新大新、大地数字影院
佛山	南海新都会	信盈集团	近9	2008	大润发、中影环星电影城、中国信盈艺术馆
东莞	明丰广场	明丰集团	6	2006	人人乐、京华食街广场、大家乐、屈臣氏、周大福

（3）造MALL愈来愈热、增加体验业态

2010年，"新国四条"、"新国十条"、"国五条"系列调控政策轮番轰炸，被称为"史上最严厉调控"的大幕拉开。在住宅限购的背景下，商业地产迅速升温。与此同时，政府为了刺激经济，一方面通过降低存款准备金率加大投放市场资金流，另一方面通过降息刺激消费。而促使商业地产成长的两个重要指标——消费和城镇化率因此赢得巨大发展机会,广东商业地产再度迎来供应高峰。

自2010年亚运会举办以来,广州有近20个大型购物中心陆续开业,新增面积超过100万平方米,新一轮造MALL运动在广州兴起。

根据广东省房地产行业协会发布的《2014广东房地产蓝皮书》相关数据显示:2013年,广东商业用房开发投资额占房地产开发投资总额的比重达到11%,创下2005年以来新高。2013年,广州新开业购物中心的面积超过65万平方米,达到历史供应峰值。在此基础上,广州拟建、在建、待开业的商业项目超过30个。深圳2013年更有超过90万平方米的购物中心新增供应;另据统计,深圳在建的18个百万旧改大盘中,九成计划做综合体。2013年,佛山拟建、在建的城市综合体已超过40个。就在建和拟建的综合体数量而言,惠州18个以上,中山17个以上,东莞14个以上,珠海12个以上;而江门目前在建的5个大型商业综合体项目,足以令其商业经营面积翻一番。

据不完全统计,2016~2017年,广东将新开业242个商业体(其中2016年新开160个,2017年将新开80个),新增建筑面积达7130.11万平方米,商业面积达2118.20万平方米。其中,体量大、功能强、服务全、定位一站式购物体验的综合体和购物中心依然是主打。

不过,业内人士指出,市场现有商业存量尚未完全消化,又迎来新的集中放量,加之经济增速放缓、电商冲击日盛,品牌商对未来的不确定性,导致其开店速度放缓,不少已开业或准备开业的商场都遭遇了招商难的困局,进一步推高了商场的空置率。

与以往品牌商苦于找不到好的商业项目进驻不同的是,现在随着品牌商的越发强势,为了尽快引入品牌,不少新开业的购物中心给予装修补贴、降租金,在业内已经成为"公开的秘密"。

为避免同质化竞争,不少购物中心纷纷寻找差异化发展道路,通过加大体验业态、O2O等方式转型升级,百货比例渐低,餐饮、娱乐等成为主打。以号称"全市购物中心中食肆最多"的正佳广场为例,在2012年推出以买手百货为主的HI百货之后,又推出正佳极地海洋世界以及各类融入艺术元素的展览;天河城引进Hello Kitty展览;广州太阳新天地提高餐饮经营比例,将首层至6层部分商业店铺调整成餐饮店铺;丽影广场外立面转型升级,内

专题报告

部业态调整；绿地集团进军广东首个商业项目"缤纷天地"，体验式业态占比超过七成；天环广场至少有五成品牌是首次进入广州；合生生活天地则引进国内最大进口食品超市；天环 Parc Central 引入广州首家苹果旗舰店；富力海珠城则跟韩国商会合作，将韩流快时尚"SPAO"等众多韩国品牌首次引入广州。新型复合式业态也在崭露头角，涵盖书籍零售、咖啡、文创零售、文化讲座等业务的西西弗书店相继落户凯德广场·云尚和万菱汇。

此外，越来越多的购物中心正选择以自营体验业态的方式来增强商场的可持续发展能力，如"万达影院"、"大玩家"、"大歌星"，还有高德置地集团的"小 Q 儿童城"等自营式的体验业态主力店。富港集团还投入资金成立多个自有品牌，包括影院、儿童、餐饮、KTV、游戏品牌等，进驻公司旗下的东汇城购物中心。

外出交通成本越来越高、停车费越来越贵，追求方便快捷、讲究时效等消费心理及消费行为习惯等因素，都迫使购物中心趋向社区化，满足市民基本生活需求的社区商业将是商业未来的发展方向，优托邦、万科里、保利克洛维时光里等项目正是社区商业的先行者和佼佼者。

与此同时，一大批服务于购物中心的专业技术和经营管理团队也随之快速成长，如凯麒投资、楚睿商业、广州惠润、世品国际等与商业地产开发商的通力合作，大大提升了购物中心的整体素质。

二、广东百货业20年：加快升级转型实现全渠道发展[1]

止跌反弹、走出低谷、迅猛扩张、前赴后继地加入上市大军，再到百货购物中心化、全渠道发展……在过去的20年，百货业始终在广东商业中扮演着重要的角色。

然而，受经济大环境低迷、消费习惯改变、电子商务步步紧逼等多重因素影响，传统百货业增长乏力已经是一个不争的事实，"躺着都能赚钱"的时代已经过去，"无店可开，开店必死"犹如一道魔咒，令百货业成为当前最不景气的传统业态之一。

面对日益残酷的生存环境，广东百货企业不畏挑战，积极寻找新的发展途径，勇于做出多种尝试，期望在激烈的市场竞争中再度站稳脚跟，守住阵地，稳住客源，再图恢复昔日荣光。

（1）攻城略地　连锁化快速扩张

1996年，广东传统百货业步入前无古人、后无来者的巅峰时期。当年2月9日，华夏康隆百货、仟村百货、国丰百货、中振百货4家面积均逾万平方米的大型百货企业同时在广州开业，创下史上奇迹！

1999年10月，广州友谊在时代广场开设首家分店。2000年7月18日，广州友谊在深圳证券交易所挂牌上市，成为广州零售商业系统首家上市公司。

2000年，受市场回暖和城市商业环境改善刺激，广东百货业终于走过"雪山草地"，止跌反弹，同时打破故步自封的夜郎自大想法：在发展手段上，尝试以连锁方式向外拓展；在发展主力上，广东的民营资本、外来资本开始大举入市，转战百货业；在发展方向上，依托购物中心、特许加盟，加速向二三线

---

[1] 本部分由吴婕秋撰写。

专题报告

城市渗透。

2000年12月28日，1万平方米的天南美居电器广场试业，首开广州大百货涉足专业市场先河。2001年11月2日，8000多平方米的肇庆天宁广场分店开张，是天贸南大百货跨出广州开设的第一家分店。

随后，广州中华百货、宾友赛特、摩登百货、丽的百货、北京华联商厦、中泰百盛等不同投资主体的百货公司纷纷面世。值得一提的是，以天虹商场为代表的深圳百货商家，在这一轮的扩店潮中迈出了拓疆异地的第一步。2000~2002年，天虹商场共开设分店8家，其中3家在深圳以外地区。2002年5月1日开业的惠州丽日天虹购物广场，是天虹商场输出管理第一店，也是深圳市首家对外输出管理的百货零售企业；2002年10月1日开业的南昌天虹商场，是其跨省异地连锁第一店。

2004年6月，民营资本挑大梁的摩登百货（见图1），接手曾让百盛败走的中泰国际广场，开出公司旗下的第6家分店。与此同时，在招揽了深圳茂业百货等的一批管理人才之后，广州新光地产耗资2亿元打造出2004年广州唯一一家入市的民营百货企业。

2004年10月28日，广百股份瞄上白云机场搬迁后广州市政府全力打造的白云商圈，在百信广场开出11000平方米的百货商场；广州友谊在沉寂多年之后，再次启动扩张策略，2005年1月14日，广州最核心商业圈3万平方米的尖端百货——正佳广场友谊店开业；而原广百股份总经理谢仕平则自组班底于2005年9月在岗顶开出丽特联合时尚百货。

受惠于"东家"天河城耗费巨资的整改，天河城百货不仅在硬件上提升了档次，更将面积扩大到3万平方米，并整合手中运动品

图1 摩登百货推出了"零利日"促销，在广州百货业中首次出现

牌资源在天河城五楼开出3000平方米的"运动营"。2004年底更将原来的名牌折扣店进行重新装修，经营面积扩大至1300多平方米，打出"Last Call名牌折扣店"的旗号。

2004~2005年短短两年时间，天虹商场新增分店9家。此外，发迹于深圳的海雅百货、民乐福百货纷纷在深圳之外开设分店，不再满足于在日趋饱和的深圳市场打拼的百货商家，已先行一步布局全国。

（2）体制重构资源整合　借助资本力量壮大

在这一阶段，广东传统百货零售企业除了在进一步调整商品结构、开拓市场，寻求市场的新"亮点"，进一步创新业态，寻求市场的新机遇，进一步优化组织，寻求竞争的新优势等方面有所作为以外，还在创新体制、转换机制等一系列重大问题上寻求突破，促使企业由传统百货企业向现代零售企业迅速过渡。

2000年11月30日，珠海最大的百货商场——珠海百货广场，被企业内部100多名职工集体竞标成功，开创了广东商业史上最大一宗产权转让先例，售货员一夜之间当老板，珠海百货自此重获新生，业绩一路向上；2000年12月30日，珠海百货集团下属珠海历史最悠久的香洲商场，被东莞民营企业竞投买走；2000年底退出股市后的佛山老牌百货——兴华商场，在2003年12月被民营资本接手，商场斥资大变身以后，重新确立了自己在祖庙路商圈的"龙头老大"地位。

2001年2月24日，广州东山百货大楼股份有限公司职工全员持95%股份，广州首家"国退民进"百货企业宣告诞生；2001年8月21日，广州大百货业重组方案出台，这是自1992年广州对首批商业企业实行股份化改造后，9年来力度最大的一次国有商业体制改革。

2002年4月，由包括广百集团在内的6家广州市商业企业合资设立的广州市广百股份有限公司（简称广百股份）挂牌成立（见图2），改制后至2005年的3年时间里，广百股份的发展掀开了新的篇章，新开门店15家，是过去11年开店数的3.7倍，销售规模从2002年的10.96亿元跃升至2005年的24.64亿元，年递增率达28%，并确立了以百货、购物中心和专业店为三条主线的发展战略。2005年以13亿元的单店销售额，连续13年蝉联广州百货单店销售冠军，进入"全国百货单店零售十强"。

图2 广百百货快速扩张

为了在更加激烈的市场竞争中站稳脚跟，具备一定实力的百货企业纷纷借助资本的力量谋求上市，募集更多资金，促使企业进一步发展壮大。

2005年6月，深圳茂业商厦有限公司通过收购国有股的方式，以65.75%的股权比例绝对控股成商集团，从而借壳上市。

2007年5月21日，佳华百货登陆香港证券交易所（简称港交所）；2007年11月22日，广百股份在深圳证券交易所（简称深交所）挂牌上市，受到股民热捧，股价超过同城的广州友谊，广州零售企业不再唱上市独角戏。

2013年12月11日，发家于中山的益华百货正式在港交所挂牌上市，成为继深国商、佛山兴华商场、广州友谊、佳华百货、广百股份、茂业国际、天虹商场、岁宝百货后，广东百货行业上市的第9位成员，搭上广东百货业上市的"末班车"。广东上市百货企业一览表如表1所示。

表1 广东上市百货企业一览表（1996~2016年）

企业名称	股份代码	上市地点	上市时间	发售股数	发行价	募集资金
深国商A	000056	深圳	1996-06-21	2000万股	4.78元人民币	9560万元人民币
深国商B	200056	深圳	1995-10-30	5000万股	1.64元人民币	8200万元人民币
佛山兴华	000685	深圳	1997-01-23	1600万股	6.74元人民币	1.08亿人民币
广州友谊	000987	深圳	2000-07-18	6000万股	4.08元人民币	2.45亿元人民币
佳华百货	0602.HK	香港	2007-05-21	25000万股	1.04港元	2.6亿港元
广百股份	002187	深圳	2007-11-22	4000万股	11.68元人民币	4.67亿元人民币
茂业国际	848.HK	香港	2008-05-05	86300万股	3.1港元	26.75亿元
天虹商场	002419	深圳	2010-06-01	5010万股	40元人民币	20.04亿元人民币
岁宝百货	0312.HK	香港	2010-11-17	6250万股	2.2港元	1.38亿港元
益华百货	02213.HK	香港	2013-12-11	9000万股	1.4港元	1.26亿港元

（3）多重冲击 百货企业艰难度日

近年来，在互联网网购大潮的冲击下，面对房租、人工等费用的持续上涨以及经营管理体制落后等诸多不利因素的影响，传统百货业悄然掀起了一股"闭店潮"。

2012年，广百股份布局深圳的第一家网点广百龙岗店关门；2014年，深圳海雅百货因为连年亏损深陷业主纠纷，败走惠州；2014年，新光百货撤出南海市场；2015年上半年，天虹商场在全国关闭了3家门店；2015年下半年，万达百货广州增城、番禺、江门以及佛山门店连续关店；2016年，主营奥特莱斯业态的天河城百货白云新城店（见图3）最终还是没能逃脱关店的命运。

广州老牌百货——广州友谊商店也难以独善其身。2014年10月，广州友谊正佳店结束旧址经营，迁移至新店，面积减半，于同年11月下旬复业；2014年12月26日，广州友谊佛山店宣布暂停营业，内部调整，由于提前撤场，还被业主方一纸诉状告上法庭，被判需支付违约金数千万元；2016年4月，广州友谊在省外开设的第一家门店、经营了9年之久的南宁店悄然退场；2016年5月，广州友谊国金店"无奈瘦身"，退出部分经营面积，以返租形式交给越秀集团管理，改造成购物中心。

图3 天河城百货涉足奥特莱斯业态

对于"闭店潮",究其原因,关键在于随着各类专门店、集合店及电子商务等消费模式的兴起,传统百货业的市场份额正在被逐步蚕食。2016年天猫"双十一"全球狂欢节,以1207亿元交易额又一次刷新了中国乃至世界电商史上的交易纪录,而百货业销售下滑较大的品类正是专卖店和网购增长最快的品类,如家电、IT产品、服饰、家居生活用品等。

除了受网购影响之外,来自政策方面的影响也很大。比如中共十八大以后,随着中央反腐政策和"八项规定"的出台,购物卡大量减少。商场过去很大的比例的销售额是靠卖卡实现的,购物卡取消以后,销售额大幅度下降,有些商场甚至出现两位数的下降。此外,消费者信心不足,房价太高、教育成本高、看病贵,老百姓心里不踏实,即便有钱也舍不得花,这在一定程度上也抑制了消费。

除了上述影响因素之外,还有一个重要的原因,百货企业自身经营模式太单一,主要模式还是供商联营,自营比例太少,在品牌控制方面没有话语权,经营功能在退化,只能沦为"二房东"的角色。

（4）加快升级转型 实现多渠道发展

面对销售增长放缓、利润缩水成为行业的大趋势，百货商场积极应对，在原有基础上进行业态升级，引进餐饮、娱乐、休闲等商业业态，实现"购物中心化"，或主动转型为奥特莱斯业态，同时联姻互联网，实现多渠道发展。

早在2006年，广百股份就开始打造购物中心"广百新一城"，经营面积7.3万平方米，集合发展购物、餐饮、娱乐休闲、金融服务等多元素，很快就成为了广州市海珠区地标性区域购物中心。

2010年，摩登百货入驻花都星光汇，除了自身作为主力店做带动，还负责整个物业的招商经营，生意红红火火；2013年12月，专注于发展百货零售业的天虹商场也开出了首家购物中心——深圳宝安中心区天虹购物中心，并于2014年在浙江杭州、江西吉安开出2家购物中心；海雅百货2013年9月开出海雅缤纷城购物中心，并于2014年将有着16年历史的海雅百货南山店更名为南山海雅缤纷广场，重新试业；2013年，广百股份原GBF广州北京路店转型，融合香港品牌打造广百黄金珠宝大厦；广州友谊时代广场店、摩登百货北京路店也都转型为奥特莱斯业态后重新开业。

2014年，新光百货成功签约海珠新都荟的1~3层，租赁面积约2.5万平方米，负责项目的前期招商和后期经营管理工作，打造出海珠区南部首个大型购物中心；2016年，作为广州市属国企改革的重要一步，广州友谊成为持有广州越秀金融控股集团股份有限公司（简称越秀金控）100%股权的唯一股东，开始向"百货+金融"的双主业转型升级。

同时，百货企业构建大数据平台，提升对顾客的洞察能力和精准服务能力，为消费者提供更多、更便捷的消费渠道和更加优质的购物体验。2014年，广百百货牵手阿里巴巴集团，推出电子会员卡"广百宝"及移动支付应用，联动自有电商平台"广百荟"及旗下多家门市店，推出如电子赠券、抢红包、银联钱包、团购、网上预购等一系列O2O新尝试。2014年，广州友谊打造零售微信服务号"广州友谊"和移动应用平台"友谊微百货"，使广州友谊成为广州首家推出全渠道战略的高级百货企业。

此外，百货企业主动拓宽业务模式，通过多元化发展来挖掘新的利润增长点。2013年，广百股份作为主发起人成立广百小额贷款公司，涉足小额贷款业务；天虹商场自建吉安项目，顺利建成封顶并首次实现商业地产销售收入,此外,天虹商场在苏州相城区也竞得3.86万平方米的地块用于建设商业项目;2015年5月,广百百货跨境购频道正式上线,而线下O2O体验店则于2015年5月15日在广百黄金珠宝大厦、广百新一城及新大新番禺店同开3家,成为目前广州首家国有百货旗下的连锁跨境电商品牌。2015年9月19日,广百百货又在东山店、湛江店以及新大新三水店开3家体验店,每家占地面积约1000平方米,成为真正"开在家门口"的跨境体验店。

展望未来,广东百货业依然机遇和挑战并存,经过20年的发展,广东已为百货业提供了十分广阔、肥沃的发展土壤,百货商店将继续维持稳步发展态势,其发展重点主要是谋求业态创新,以留住中高端消费群体。

广东百货业未来发展趋势可归为三个方向:一是百货"购物中心化",提升自有物业的比重,商场纳入餐饮、娱乐、培训等功能,扩大面积,向大型、综合性方向发展;二是向专和精的方向发展,比如专注奥特莱斯业态和买手制,经营内容主题化,经营服务差异化;三是继续实行O2O战略,精准营销,并做好品牌特色活动和节日促销活动,通过全渠道互动提升消费者购物体验,为线下门店吸引更多客流,提升单店业绩。

三、广东超市 20 年：开启经营专业化、精细化时代①

1996 年，广东超市业开启"与狼共舞"的时代。沃尔玛、家乐福、卜蜂莲花等跨国零售企业相继进驻中国，其经营理念、运营模式、管理方式正在深刻改变着消费者的购物习惯、生活品质，同时刺激广东本土超市参与竞争、应对挑战，优胜劣汰、适者生存的市场规则促使广东本土超市快速成熟和发展起来。

（1）不惧外资零售巨头　开创国内新兴模式

1996 年前后，世界零售巨头沃尔玛进入中国的首家分店在深圳开业，永旺超市（广东吉之岛天贸百货有限公司）也在此时进入广州天河城开设首家门店。

面对全新的经营模式，本土零售同行在惊呼"狼来了"的同时，一方面积极向"洋师傅"学习货品陈列、商场布置以及售卖方式，同时也结合中国的国情，大胆创新。万佳、新一佳、人人乐等大超市针对中国人喜爱吃新鲜食品的习惯，把生鲜以及各地风味小吃首先引入商场，丰富商品的种类，在商场中建造居民的"菜篮子"、"厨房"工程，延伸"一站式"购物理念；瞄准市民要求商品"又便（宜）又靓"的消费心理，通过努力压缩管理流程、进行大批量的采购等方法，把商品价格降下来；琢磨创制出诸如万佳"超市＋百货"、新一佳"超市＋专柜＋百货"、民乐福"大百货＋大超市＋人性化服务"等土洋结合的实战技法。

沃尔玛颇具凝聚力的企业文化、严格的人员培训机制带给深圳企业全新的视野，在外资企业的冲击下，万佳、岁宝、人人乐、新一佳、天虹等深圳

---

① 本部分由吴婕秋撰写。

零售企业也开始规范企业的管理制度。与此同时，外商对供应商的要求提高，也促使深圳供应商提高自己的管理水平。

狭路相逢勇者胜。2000年，是新旧世纪之交，更是本地豪强与外资巨头"八仙过海、各显神通"的一年。在撤离广州18个月后，香港百佳超市以全新的面貌，在中旅商业广场负二层开出第一家超市。经营面积6000平方米的超市日均销售额过百万元，最高一天超过140万元，掀起"百佳旋风"（见图1）。

图1 居民去百佳超市买菜

2000年，深圳市万佳超市以16.224亿元的销售总额超越广州百货大厦，第一次坐上"全省零售企业冠军"的宝座，这标志着由百货企业占据几十年的"零售王"宝座已被新兴业态所代替。

此后，广东超市业风起云涌，你方唱罢我登场，好不热闹：改良欧美郊区大型综合超市业态，变身城市社区型大卖场，台资好又多超市崛起为广东规模最大、分店最多的外资零售企业；万客隆超市改换门脸、抽身而去，广南超市歇业；新一佳超市在省内、全国二三线城市布点，快速扩张，张扬业态时间差优势和规模优势，以"黑马"姿态夺得"广东零售业亚军"；广州宏城超市转型生鲜业务，转战社区，摆脱广州连锁超市"五朵金花"尽数凋谢的厄运；"广东民营超市四大家族"硕果独存的中山壹加壹超市，专注发展区域市场，根深叶茂，遂成为中山连锁超市一方霸主。

可以说，1996~2000年，本土超市忙于与外资超市激烈厮杀，很多企业还处于摸索和学习阶段。由于国内对零售业的相关法律无法跟上本土超市的"野蛮生长"速度，不少超市在管理和经营方面并不规范，导致侵害消费者人身和财产安全的事件时有发生，并引发超市与消费者、消费者与消费者之间的矛盾纠纷（见表1）。

表1　广东超市重大诉讼事件（1996~2002年）

企业名称	时间	事件
广州昌生生商场	1997年6月	由广州昌生生商场引发的"偷一罚十"案，经法院最后判决，商场必须将罚款如数退还，在社会上引起强烈反响
新七星超市	1999年8月	珠海李姓女士向香洲区人民法院起诉新七星超市，要求赔偿精神损失费10万元，此为轰动一时的广东省首宗援引《消费者权益保护法》实施办法中涉及精神损失赔偿条例而状告商家的珠海新七星文胸纠纷案；同年10月22日，珠海香洲区法院一审判决原告败诉
东莞大朗爱家超市	2000年1月	东莞大朗爱家超市发生伤人断指事件，省贸委发文通报该案
广州好又多超市	2000年3月	广州市好又多百货商业广场有限公司索赔4200万元，起诉广州正大万客隆（佳景）有限公司侵害商业秘密不正当竞争案，在广州市中级人民法院开庭审理，是新《刑法》实施后首宗因商业秘密被侵犯而引起的民事诉讼案

（2）积极扩张版图　连锁、重组、上市多线并举

经过前期的原始积累，2001~2010年10年间，广东超市企业大多已形成一定规模，告别"野蛮生长"，开始迎来连锁扩张、并购、上市的密集期，广东超市业正大跨步地走出广东，走向全国。

一场以市场为纽带的各种社会商业资源重组、整合的帷幕正在拉开（见表2），即通过资本并购方式实现做大做强，商业经营与资本经营相结合，追求规模效应，连锁业上市正逐渐成为一股新的潮流。

表2 广东超市主要资本重组、上市案例一览表

关联企业	年份	事件
武汉中百、深圳金田	2001	武汉中百集团股份有限公司（简称武汉中百）和深圳金田实业集团股份有限公司（简称深圳金田）签订并购协议，这桩总值990.67万元的交易成为武汉商业领域首次大规模并购，是广东超市企业首宗跨省并购案
万科集团、华润集团	2002	华润集团从万科集团手中收购万佳超市，组建华润万家
华润万家、万佳百货	2002	华润集团收购万佳百货，并成立华润万佳有限公司
深圳民润、岛内价超市、真实惠超市	2002	深圳民润正式宣布收编广州最大民营超市岛内价和佛山真实惠超市，成立广州民润岛内价连锁商业有限公司和佛山民润真实惠连锁商业有限公司两家新公司，深圳民润相对控股51%
深圳民润、阳江百惠超市	2002	深圳民润收购阳江百惠超市
深圳民润、中链、中旗	2003	深圳民润与广州市中旗连锁商业有限公司（简称中旗）签订关于广州民润岛内价连锁商业有限公司股权转让协议，深圳民润将所持有的岛内价51%的股份转让给广州市中链投资有限公司（简称中链）及中旗
深圳民润、安石投资	2005	民润所属的上市公司"深圳农产品"与英国Ashmore（安石投资）投资管理公司结下战略联盟，首开国内社区超市行业引进海外资本之先河
人人乐超市	2010	人人乐超市正式登陆深交所中小板，募资25.74亿元
华润万家、宏城超市	2010	越秀集团发布公告称，该集团及全资附属公司与华润创业方面签署协议，向华润出售广州宏城超市98.13%股权，总价约3670万元，至此，越秀集团正式退出超市业务
西亚集团、兴安超市	2010	来自河南信阳的西亚集团收购了广州的兴安超市
顺客隆	2015	中国顺客隆控股有限公司（简称顺客隆）在香港主板上市，发行股票7062.00万股，每股发行价3.20港元，共募集资金2.26亿港元

2001年，民润集团动用农产品资本优势展开了一系列并购，将广东民营超市四大家族珠海新七星超市以及广州的岛内价超市、佛山的真实惠超市、阳江的百惠超市收入囊中，2003年又将51%的股份悉数卖回岛内价超市，彻底撤出了广州零售市场；2005年11月，深圳民润所属的上市公司"深圳农产品"与英国Ashmore（安石投资）投资管理公司结下战略联盟，首开国内社区超市行业引进海外资本之先河。

2002年，华润集团从万科集团手中收购万佳超市，组建华润万家，2004~2007年，华润万家先后收购江苏苏果超市、宁波慈客隆超市、天津家世界超市，通过并购的发展战略迅速占领了区域市场，快速提升了规模。

2010年，中国民营超市领军企业人人乐超市正式登陆深交所中小板，成功上市，募资25.74亿元。

上市公司、外来财团、海外基金以及活跃的民营资本，使广东连锁超市行业具备了对外扩张的实力和动力，行业和地区龙头隐然成形，规模效应初步显现，广东超市业进入门槛和行业集中度有所提升。借助资本平台，广东超市业正进入新一轮的大跨越发展。

（3）外资超市风光不再　本土超市夹缝求生

自2011年以来，外资超市已风光不再，沃尔玛削减开店计划、家乐福关闭了部分销售和效益不高门店，乐购被华润万家收购……一夜之间，似乎外资超市在华已经举步维艰、难以为继。

2013年，沃尔玛开始在中国市场启动门店调整计划，计划18个月内在中国市场关闭15~30家门店；2014年5月，华润万家宣布，其母公司华润创业有限公司与英国TESCO（乐购）公司签署的合资协议已获得中国相关政府机构的批准，收购完成后，"乐购"品牌在中国将不复存在，其所有门店全部改为"华润万家"。

2015年的最后一天，已开业10年之久的家乐福广州金沙店因业绩不理想关店；2016年上半年，百佳超市相继关闭了广州中旅店、康王路店、珠江俊园店以及东莞聚福豪苑店；卜蜂莲花2016年上半年的公告显示，营业收入同比下降3.2%，净亏损约6390万元；来自台湾的大润发超市，虽然在实体零售行业集体陷入关店潮时鹤立鸡群，创造了10年来未关一家门店的奇迹，但仍没有抵过增长下滑、业绩下滑的现实。

2016年，外资超市在广东的表现也不尽如人意。仅沃尔玛新开6家门店，数量低于开出7家大卖场的本土民营企业嘉荣，而卜蜂莲花、永旺、大润发、麦德龙4家外资企业共开设5家大卖场。在精品或社区超市方面，美思佰乐、百佳2家企业共开设3家门店，本土超市企业则新开78家精品或社区超市。

外资超市风光不再，本土超市的日子也不好过。2004年，广州第一超市家谊破产，随后资金链断裂拖垮了福特玛、港湾超市；2010年5月，来自河南信阳的西亚集团收购了广州的兴安超市；2010年，华润万家成功收购宏城超市旗下107家门店；2013年，广州知名连锁超市好当家旗下3家超市门店突然停业，广州本土超市只剩下胜佳、澳之星、人人佳等屈指可数的几家。

上市三年后的人人乐超市，盈利水平在逐年锐减，在中国连锁100强排行榜中从2008年的第21位掉到了2011年的第39位；曾经是广东省开店速度最快、数量最多、经营面积最大的超市企业新一佳，业务逐渐萎缩，截至2015年共关闭14家门店，如今被供应商集体追债陷入穷途末路。

不过，值得庆幸的是，尽管市场哀鸿遍野，依然有不少像壹加壹、顺客隆、昌大昌这样的广东本土超市经历了广东超市行业的起起落落，又在市场的变化中，积极进取，勇于创新，走出了一条属于自己的道路。

壹加壹超市创办于1994年，发家于中山，经过多年发展，壹加壹超市已成为全国连锁100强以及广东连锁50强企业，拥有购物广场、综合超市、社区超市、便利店四种业态共68家自营商业零售连锁店，同时经营医药零售连锁、食品加工、酒店娱乐等7个子公司，经营网络遍布中山城乡及广州、佛山、珠海、江门、新会等地区。

凭着"农村包围城市"的发展策略，昌大昌超市目前在肇庆、湛江、广州、江门、佛山、梅州等地区拥有17家大型综合超市、20家便利店和1家购物广场，而且每一家门店都在开业半年内即实现盈利。

从顺德到禅城，从镇内到镇外，顺客隆超市联手互联网公司共同打造跨境电商平台，将O2O运营到底；它不再只忠于开大卖场的发展策略，而开小而美的便利店和仓储会员店；同时，它发挥生鲜产品优势，大力发展高端社区生鲜便利店，是广东省三四线城市最大的超市营运商之一。2015年9月，佛山市顺客隆商业有限公司在香港证券交易所主板上市，募集资金近2.1亿港元。

据业内人士分析，超市大卖场的盈利模式过多依赖于通道，中央采购与以门店为利益中心的管理体制存在冲突，经营管理环节寻租现象普遍化，销售方式老化。大卖场业态已经很难获得购物中心的青睐，过高比例的主力店必然压低租金收益率。同时，消费者也不喜欢超市面积过大，要走很长时间才能找到自己需要的商品，这不符合新的消费趋势。本土民营超市想成功，首先要做好本土市场的渗透，其次最好在优势地区持有物业，这样抗风险能力才会更强。

（4）迈进"全业态"协同发展时代

受中国经济增速放缓、电商冲击加大等大环境的影响，再加上持续上涨的租金、物业费、人力成本等让商家叫苦不迭，超市也逐渐开始了转型之路。

随着大卖场市场接近饱和，超市企业开始引进新的品牌和业种业态，实现多元化发展，其中专注细分业态领域的小型超市正朝着高端化和精品化的方向迅速发展（见图2）。百佳在中华广场开设首个高端超市TASTE；华润万家进驻太古汇开设高端超市Ole'（见图3）；吉之岛开设"十元店"，设立"一拾一趣"区域；永旺的精品SM店以及华润万家走社区路线的"欢乐颂"也纷纷落地生根。

图2 超市朝着高端化和精品化方向发展

图3 华润万家旗下高端超市Ole'广州首店进驻太古汇

购物中心化不仅是百货的趋势，也是超市在暗自盘算的事情。2016年，沃尔玛在中国开发、建设和经营的第一家购物中心"珠海乐世界"开业，它既有零售业态，也有餐饮、儿童教育体验，还有花店、通信服务、护理、汽车保养维修等生活服务设施。

2016年2月27日，梦乐城（广东）商业管理有限公司（简称梦乐城）旗下的永旺梦乐城广州番禺广场正式开业，广东永旺超市也一同开业亮相。作为该购物中心的核心店，永旺番禺广场店是广东永旺首家与梦乐城合作的综合百货超市（GMS）店铺。

专题报告

在互联网大潮席卷之下，线下零售业纷纷寻求机会拥抱互联网，超市或推出自己的 APP，或接入电商平台，或者在收银台处接入支付宝、微信等支付方式，触网的节奏已经发展到全渠道和平台化阶段。

2015 年 6 月 19 日，华润万家旗下的电商平台 e 万家正式宣布上线；2015 年 7 月，沃尔玛（全球）宣布已收购 1 号店余下股权，同时推出了移动端 APP，除了送货到家，顾客还可以选择到店提货。

更多企业还通过发展新型店铺来丰富业态。华润万家旗下拥有华润万家大卖场、Vango 便利店、生鲜超市及 Ole'和 Blt 品牌精品超市。其收购的苏果超市也有大卖场、社区店、标准超市及便利店等业态。

2013 年，永旺新开食品超市 Maxvalu 美思佰乐中国首店、广州光大都会豪庭店、惠州惠阳店和东莞长安店。同时，永旺旗下自有面包房 La Boheme、少女服装品牌 ihana、鞋类品牌 ASBee、创意生活品牌 Living Plaza 等先后登陆广东市场，基本完成包括综合百货超市、食品超市、专卖店、综合金融、商业地产开发、服务及商品物流等在内的产业布局。公司旗下所有店铺统一以 "AEON" 命名以加强集团品牌效应，让店铺在管理及营运方面共享协同效益。

2016 年，保利地产打造的社区生活超市 "若比邻" 品牌全速扩张，全年新增 21 家门店，新开门店数量居全省第二。华润万家、嘉荣、天和、永辉传统大卖场企业均已布局精品或社区超市，优化和提升顾客消费体验。

卜蜂莲花所属的正大集团则开始落地新业务。2015 年 7 月，卜蜂莲花试水新业态，在广州开设自助概念体验馆莲花 GO，莲花 GO 自助购物系统将在未来应用于更多卜蜂莲花超市中。

可以预见的是，未来 2~3 年内，超市在一二线城市将以小业态姿势绽放，而大卖场将在三四五线城市寻找到更多机会。无论市场形势如何变幻，超市行业如今已经由粗放型经营向精细化管理迈进，专业、细分、个性代表着超市未来的发展方向。

四、广东服饰零售20年：本土品牌的崛起[①]

中国素有服装生产大国之称，近年来甚至已经超越美国成为全球服装零售消费额最大的国家。由于地理位置紧邻港澳，广东成为改革开放最早的受益地区，大规模的服装产业化与先进的经营模式使广东一直是国内服装生产及零售的领头羊。过去的20年间，广东服装产业从批发转型到零售，从零散经营到品牌概念的觉醒，从本土走向全国乃至海外，一步一个脚印在成长。

对于广东服饰零售业而言，20世纪90年代意味着品牌的诞生。20世纪80年代，中国以制造加工企业的身份切入了全球服装产业链，出口创汇成为当时国内经济的主旋律，广东的服装企业也在为国际品牌做贴牌生产的过程中完成了资本的原始积累。与此同时，受益于地缘优势，港资及海外品牌开始留意到毗邻港澳并且正在快速发展的广东。

（一）1996~2005年：广东服饰零售业的发展演变与主要特点

（1）港企引入品牌概念　休闲服饰独占江山

1992年，在香港成立11年且刚刚上市的佐丹奴，选定广州作为其进军内地的首站，在广州北京路开出内地第一家专卖店，由此开创中国休闲服零售连锁专卖店的先河。休闲服饰走大众化路线，缤纷、舒适、简约、性价比高，自主选购颠覆了百货柜台销售与传统批发零售的经营方式，受到消费者的热烈追捧。

堡狮龙、G2000（见图1）、U2、幸运鸭、APPLE SHOP、THEME、迪生、

---

① 本部分由黎烙华撰写。

图 1　G2000 门店

鳄鱼恤、真维斯等港资品牌，陆续借道广东进军内地市场。1996 年，时逢中国第一家购物中心广州天河城开业，原来默默无闻刚刚易主的班尼路在天河城大获成功，与佐丹奴、JESSICA、THEME、佛罗伦、自由鸟、卡路约翰等作为第一批进驻购物中心的服装零售品牌而迅速走红。

港资休闲服饰不仅成为当时内地服装零售行业的发展主流，更成为购物中心、城市一线商圈最聚人气的零售品类之一。随后，它开始了长达近 20 年的发期。

（2）传统企业向品牌转型　行业刮起商场风

受七匹狼、劲霸、九牧王、利郎等在 20 世纪 80 年代末 90 年代初创立的品牌影响，国内传统服装生产企业的品牌意识逐步觉醒。90 年代中后期，广东的休闲服饰、运动品牌引领市场发展潮流，从商务风向休闲风过渡，国内涌现出美特斯邦威（见图 2）、欧时力等本土主打年轻、青春的休闲品牌。

图 2 美特斯邦威门店

与此同时，广东以生产、批发、代理、代工等发家的"岭南服"，在港资品牌意识的带动下，逐步开始向品牌零售转型。由批发商创立的歌莉娅于2001年从产品生产转向品牌塑造，原有的批发业务也在两年间完全被零售取代。2003年，一直以代工为主的都市丽人向零售品牌转型。1994年成立的以经营中国地区品牌代理业务为主的宾宝（见图3），2004年成立广东宾宝服饰有限公司，以来自德国的BENBO品牌正式亮相中国零售市场。

前有佐丹奴火了北京路，后有班尼路在购物中心的成功案例。从20世纪90年代开始，除了商圈街铺、百货公司之外，

图 3 宾宝门店

购物中心成为不少品牌的热衷之选。如1998年百丝在当年的宏城广场开出第一家专卖店（见图4）；广州依妙也在2003年以商场作为主战场开始对外拓展。

图4 百丝天河城门店

（3）外资品牌扎堆进驻 女装品牌竞相争艳

国内消费市场逐渐成熟，外加政策的推动，1995年过后，艾格、Only、宝姿、ESPRIT等海外品牌涌入。国际一线奢侈品牌路易威登（Louis Vuitton）1998年在广州中国大酒店开设第一家门店，2003年"再下一子"。2004年，爱马仕也落户广州，在丽柏广场开出第一家门店（见图5），奢侈品华南市场战略正式展开。

广东本土休闲服装和女装行业，也在同时期迅速冒出了一大堆品牌。集设计、采购、生产、营销及

图5 爱马仕广州丽柏广场店开业

服务于一体的以纯，以生产牛仔休闲服装为主的创兴，定位都市时尚女性品位的阿依莲，以年轻少女群体为主打的淑女坊等，均在这一时期通过连锁零售迅速壮大发展。

(4) 品牌多样化发展　兴起明星代言潮

众多国际品牌与本土品牌在广东零售市场百花齐放，不少品牌逐步出现了多样化、细分化发展战略，并进入品牌经营和品牌价值阶段。班尼路以多品牌路线进军华南市场，包括生活几何 S&K（见图6）、互动地带 I.P.ZONE、纯真传说 BAMBINI、水虹 Baleno Attitude、衣本色 ebase 以及 Y'PAY MORE 等品牌。都市丽人旗下陆续发展出都市缤纷派、都市俪人、都市丝语、都市丽人的秘密、都市锋尚五大产品线。

图6　生活几何 S&K 门店

成立于20世纪90年代的女鞋品牌达芙妮，在2002年获得阿迪达斯（adidas）的中国零售权，开始在国内不同地区的专卖店及专柜销售。2004年，达芙妮创立第二个自有品牌"鞋柜"，鞋类量贩店 SHOEBOX 鞋柜也在次年推出，与达芙妮共同抢占市场，提高市场占有率。

随着品牌成长以及消费者的成熟，促使品牌各出奇招，抢占市场份额。2000年初，歌莉娅提出世界旅游文化诠释品牌内涵；2003年，百丝成立制服部，建立高级定制平台。为了塑造品牌价值与形象，明星代言也成为当时最火热的潮流之一。如班尼路重金邀请刘德华、周润发、张曼玉等明星代言；以纯也启用了当红的张柏芝、古天乐作为品牌形象代言人。

（二）2006~2015年：广东服饰零售业的发展趋势与新特点

进入21世纪，国际快时尚品牌进入中国，在启蒙本土服装市场发展的同时，对原有的休闲时尚带来了冲击。经过前期的沉淀，不少品牌开始崛起，通过上市、并购等方式走向全国和海外。与此同时，不少品牌的发展开始出现滑铁卢，休闲服饰一派开始没落。

（1）本土品牌迎来上市潮 "例外"服饰走出国门

进入21世纪，本土服装市场在经历十多年的发展后，开始迎来上市潮（见表1）。2007年，百丽国际登陆香港联交所，总市值超过675亿港元，成为当时港交所市值最大的零售类上市公司。以潮流前线为主打品牌的搜于特，2010年挂牌中小板。2014年，都市丽人在香港上市。广州本土品牌卡宾服饰2013年在香港挂牌上市。创立了21年的宾宝时尚于2015年1月成功挂牌新三板。

表1 广东本土上市服饰品牌

品牌	创立地	上市时间	公司名称	主板
百丽国际	香港	2007年5月14日	百丽国际控股有限公司	港股
星期六	佛山	2009年9月3日	星期六鞋业股份有限公司	A股
搜于特	东莞	2010年11月17日	搜于特集团股份有限公司	A股
卡奴迪路	广州	2012年2月28日	广州卡奴迪路服饰股份有限公司	A股
卡宾	广州	2013年10月28日	卡宾服饰有限公司	港股
都市丽人	东莞	2014年6月26日	广东都市丽人实业有限公司	港股
歌力思	深圳	2015年4月22日	深圳歌力思服饰股份有限公司	A股
宾宝	汕头	2016年1月20日	广东宾宝时尚实业股份有限公司	新三板

资料来源：第一商业网综合整理。

2013年，广州本土原创品牌"例外 EXCEPTION"，因"第一夫人"彭丽媛身穿其品牌出访而在全国火速爆红，多地消费者慕名到专卖店购买同款服饰，"例外"和广州品牌一时间名声大噪，对广东本土品牌起到极大的提振作用。同时，以"例外"为代表的高端服装产业，在欧美奢侈品牌侵食中国市场"蛋糕"之时，亦划出了一抹自主品牌的亮色。

（2）快时尚品牌布局华南　传统休闲逐步没落

除了本土品牌，快时尚在进入21世纪后也进入了华南地区消费者的视线。与国外快时尚品牌不入购物中心的发展模式截然不同，由于中国购物中心自身发展过快、过量增长、同质化严重，导致购物中心急需快时尚大牌来提升自身竞争力。购物中心的低姿态为快时尚品牌大举进军打开了便捷之门。

从2008年开始，以ZARA、H&M、优衣库、GAP、MUJI为代表的快时尚品牌在广东攻城略地，成为广东甚至国内购物中心里的服饰领头羊，一时间，本土服饰零售行业吹响"狼来了"的警报。

2008年，ZARA、H&M在深圳益田假日广场开设华南首店。2010年，H&M在中华广场开出广州首家分店（见图7），2014年，广东省H&M所有门店突破23家，成为H&M在中国最大的省级市场。ZARA则在2011年同时在广州天河商圈的天河城和万菱汇分别开出ZARA广州首店和中国首家ZARA HOME。优衣库华南最大旗舰店也在2014年进入天河路商圈维多利广场店（见图8）。2015年，

图7　H&M广州首家门店

图8　优衣库华南最大旗舰店

GAP在正佳广场开出华南最大旗舰店。

从2012年底开始，快时尚品牌销量逆势增长。受到快时尚品牌的密集式冲击，老牌港资休闲服饰业绩遭遇滑铁卢，近年来逐步退出一二线城市的主流商圈。以佐丹奴（见图9）为例，在业绩达到巅峰的2013年，营业收入达到58.48亿港元，全球共开设门店2642家。然而，佐丹奴近三年的销售额均出现不同程度的下滑，2015年全球门店数量减少了81家，其副品牌EULA也宣布停止经营。佐丹奴2003~2016年国内门店数量情况如表2所示。

图9　佐丹奴广州北京路店

表2　佐丹奴2003~2016年国内门店数量

年份	自营门店数量（家）	加盟门店数量（家）
2003	550	499
2004	811	441
2005	914	423

续表

年份	自营门店数量（家）	加盟门店数量（家）
2006	962	441
2007	1000	482
2008	1036	512
2009	1015	602
2010	1052	748
2011	1292	838
2012	1449	758
2013	1499	694
2014	1451	559
2015	1386	570
2016上半年	360	536

资料来源：佐丹奴2016年上半年公司年报。

（3）行业低迷陷倒闭潮　线上线下联动谋发展

国内服装行业在经历了高速发展的黄金10年后，曾经壮志雄心计划要开千店万店的企业纷纷刹车急停，加速瘦身。经济不景气导致销售下滑、库存高企，服饰行业的寒冬来临。进入2010年，海外服装品牌的夹击和电子商务的崛起给传统国内品牌零售业带来双重打压。2012年曾拥有200多家加盟门店的广州品牌卡路约翰，于2015年被爆经营遇挫全线停业。

包括利郎、郎姿股份、卡宾服饰、达芙妮、美特斯邦威等在内的7家服装上市企业，2016年上半年关闭实体店共计接近1000家。从各大企业公布的2016年半年报来看，关闭业绩较差门店、升级原有门店、增加副线品牌的经营力度成为大部分企业2016年下半年发展的主流方向。11家上市服饰企业2016年中期报告如表3所示。

表3　11家上市服饰企业2016年中期报告

企业	2016年上半年关店数量（家）	2016年总店数（家）
达芙妮	450	5147
361°	355	6853

续表

企业	2016年上半年关店数量（家）	2016年总店数（家）
贵人鸟	354	4317
百丽国际	276	13384
都市丽人	238	8371
特步	约200	约6800
卡宾	47	1012
千百度	32	2167
安莉芳	30	2186
九牧王	15	2777
歌力思	12	354

资料来源：根据各公司2016年度公司中期报告整理。

受消费升级、国外大品牌跑马圈地、移动互联网背景下的渠道变迁等多种因素影响，拥抱电商、转型成为各家企业必须要走的路。2012年，美特斯邦威电商平台邦购网上线。2014年，搜于特在收购女装品牌ELLE后，增资入股纤麦、熙世界、云思木想3个女装电商品牌，次年收购汇美集团25.2%的股权，成为当时最大额电商品牌融资案。

（4）跨界组合谋发展　集合店渐兴起

近年来，实体店与电商的竞争、融合改变了华南服饰市场的原有格局，经历了关店潮的洗牌，一些传统老品牌通过及时调整战略，走出跨界创新的经营模式。歌莉娅2009年开出首家歌莉娅fleuriste花店（见图10），2011年在广州正佳广场开出分店。

随着全球奢侈品销售放缓，国内奢侈品市场同样"冷场"，2015年11月，经营了12年的丽柏广场LV店撤场。尽管2016年上半年Gucci（古驰）、Coach（蔻驰）等品牌的销量略有回暖，但大部分品牌仍业绩不佳，Prada（普拉达）、Bottega Veneta（葆蝶）家等品牌的业绩继续下滑，关店已成为行业常态。

在奢侈品品牌店大幅关店之时，品牌集合店和高端体验型消费市场却迎来了新机遇。2011年，集合了书店、餐饮、服饰的方所在太古汇亮相，文

图10 歌莉娅 fleuriste 花店

图11 HI百货

创式集合店在广州掀起热潮；2014年，正佳广场首次试水"买手制百货"模式，集合店品牌"HI百货"（见图11）在正佳广场当年转型升级中业绩最为亮眼。

与此同时，私人定制放弃私人作坊模式，开始形成品牌连锁化。如在2013年惊艳了私人定制行业的"例外"服饰，以男装为主要定制款式的梵思诺、WUSONG德国男装，还有结合移动互联网加高级定制的IWODE（埃沃）等，均成为购物中心另一类新兴的定制品牌。

五、广东餐饮业20年：商业地产盛夏的果实[①]

"民以食为天"，被誉为中国最爱吃、最能吃的省份的广东省，改革开放后餐饮行业对经济增长的贡献率越来越高。20年间，广东餐饮业零售额基本稳居全国榜首，2015年，广东省住宿餐饮业零售额已达3238.3亿元（见表1），远超其他各省市排在首位，增长10.7%。1年吃掉3000亿元，广东人是怎么做到的？回顾广东餐饮业20年的发展历程可以发现，华南商业地产的诞生与繁荣，成为餐饮行业迅猛发展最重要的载体。

表1 2002~2015年全国及广东省餐饮业零售额

年份	全国餐饮收入（亿元）	餐饮收入增幅（%）	广东省餐饮业零售额（亿元）
2002	5092	16.6	829.64
2003	6066	11.6	887.56
2004	7486	21.6	997.5
2005	8887	17.7	1108.2
2006	10345	16.4	1321.13
2007	12352	19.4	1544.28
2008	15404	24.7	1882.45
2009	17998	16.8	2253.56
2010	17648	18.1	1893.40
2011	20635	16.9	2168.5
2012	23448	13.6	2445.97
2013	25569	9.0	2634.23
2014	27860	9.7	2836.6
2015	32310	11.7	3238.3

资料来源：中国报告网、广东信息统计网。

---

① 本部分由黎烙华撰写。

（一）1996~2005年：洋快餐、老字号、高端菜

中国餐饮市场吸引着越来越多的国际资本和实力雄厚的餐饮企业不断进入，在抢食市场"蛋糕"的同时，带来了国际管理理念与连锁餐饮运营方式，丰富了广东省内市场餐饮经营业态。中式连锁快餐也在洋快餐的红火盛行下应运而生。

（1）洋快餐进入广东　快餐行业顺势崛起

1990年，以肯德基、麦当劳、必胜客为首的洋快餐正式进入广东，"方便、快捷、卫生"成为洋快餐的消费代表名片，汉堡包、炸鸡、薯条几乎充斥了广东人的生活，洋快餐无疑成为20世纪90年代男女老少最喜爱的饮食选择之一，风头一时无两。与此同时，港资中式连锁快餐大家乐、大快活、仙踪林等品牌也开始迈出拓展华南地区市场的步伐。

以洋快餐为师，进入20世纪90年代中后期，本土快餐业茁壮成长。2004年，双种子将品牌名称改为"真功夫"，第一家真功夫原盅蒸饭餐厅在广州署前路开业（见图1），开启了本土连锁中式快餐发展的新篇章。2005年12月，真功夫全国第100家直营连锁店在广州中华广场开业，成为中国首家突破百家分店的中式快餐企业。

图1　第一家真功夫门店在广州署前路开业

同时期的蓝与白、大西豪、都城、渔乡米坊等中式快餐也开始迈出连锁脚步。本土中式快餐实力逐步壮大，市场占有率也逐步提升，快餐行业竞争也日趋激烈，1999年，广州8家大快活快餐店因市场策略等因素全面停业。

（2）传统餐饮发展遇挫　老字号一路荆棘

吃在广东，传统的"一盅两件"文化传承上百年，从明清至民国开启黄金时代，"陶陶居"、"广州酒家"、"泮溪酒家"等名字一直是中外驰名的广东餐饮金漆招牌。踏入2000年，面对新业态、多元餐饮、新派餐饮的冲击，这一批历史包袱沉重的老字号面临内忧外患的困境。

在此期间，多个餐饮老字号陆续被私营企业收购经营。有着137年历史的老字号荣华楼，20世纪90年代曾被一度搁置，也曾作为家具卖场，2002年转售给荔湾名食家有限公司经营。2005年，广州饮食集团公司正式谢幕，泮溪酒家、莲香楼、北园酒家等老字号下放各区，品牌仍属广州市国有资产监督管理委员会。三大园林酒家曾风光无限，南园酒家2004年4月20日停业，后被广州幸运楼饮食集团接管，于2005年7月26日重新开业；泮溪酒家转投香港四洲集团怀抱；北园酒家由东悦国际饮食集团全新投资策划开张。

图2　广州酒家

尽管广东传统餐饮阵痛不断，然而广州酒家（见图2）却能逆流而上，在老字号中一枝独秀，先是在广州陆续开出分店，随后更尝试走资本化路线，申请IPO上市。"烈士暮年，壮心不已"。

（3）特色私房菜走俏　高端粤菜餐饮红火

得益于改革开放，广东整体经济快速增长，随着消费者生活水平的提高，对饮食要求的提升也催生了一批大型的民营餐饮集团，私房菜开始走俏，以粤菜为主打的高端餐饮开始了长达10年的黄金时期。

从普通的海鲜大排档做起的炳胜，逐步推出炳胜私厨、炳胜公馆等私房菜品牌；耀华集团的鹅公村、沙河粉村也在广州遍地开花；在广州番禺起步的渔民新村，主打海鲜量贩酒家，也深受消费者欢迎。

同样走私房菜路线，食材与环境都讲求"高大上"的高端餐饮也备受追捧，如当时的中森饮食集团旗下红馆、唐苑酒家等品牌红极一时，甚至一位难求。

（二）2006~2015年：购物中心、新派菜与品类细分

（1）借道购物中心 连锁餐饮蓬勃发展

广东商业地产的诞生与兴旺，造就了一批新的连锁餐饮企业。广东餐饮业从2000年开始加快了连锁经营的步伐，不少餐饮商家借道购物中心突围而出，甚至走向全国。

得益于地缘优势及地方政府采取的优惠招商引资政策，港澳台商的餐饮企业呈增长趋势，2015年广东的港澳台资企业已达约1.3万家，如表2所示。

表2 广东省餐饮行业不同所有制餐饮企业数量   单位：万家

年份	企业所有制分类		
	内资	港澳台资	外资
2008	1.2	0.0423	0.0283
2013	1.7244	0.0563	0.0307
2015	17	1.3	0.42

资料来源：广东统计信息网、广东省餐饮服务行业协会。

1996年，中国商业地产正式启航，购物中心的诞生推动了餐饮企业的起步与发展。作为中国第一家购物中心，天河城自开业以来，成为不少本土餐饮品牌成长的摇篮。宴江南、怡景西餐厅、稻香源等品牌，当时在天河城的沃土中积攒了较高的人气和品牌声誉。

随后雨后春笋般涌现的购物中心，为更多的餐饮企业提供了发展的舞台。以九毛九（见图3）为例，创立6个年头拥有6家街铺，于2010年进入广州

白云万达广场，转型为购物中心店的模式开启之后，突飞猛进，如今它已成为拥有140家分店的全国连锁餐饮企业，更于2016年9月申请IPO上市，成为广东餐饮行业的佼佼者。鑫桂园、面点王、绿茵阁、禾绿回转寿司、千味涮、味千拉面等品牌也依托购物中心顺势而起。2011~2014年广东省连锁餐饮企业概况如表3所示。

图3 九毛九全国旗舰店

表3 2011~2014年广东省连锁餐饮企业概况

年份	2011	2012	2013	2014
连锁餐饮企业总店数（家）	58	90	84	78
连锁餐饮企业门店总数（家）	2210	2792	3216	3403
连锁餐饮企业营业额（亿元）	156.02	201.14	207.86	221.12

资料来源：根据国家统计局相关数据整理。

港资茶餐厅在经历了十多年的高调进军、黯然撤离、卷土重来之后，以中高档休闲餐饮的新模式正式步入稳定发展阶段。2000年进入华南市场的香港稻香集团，多年来依傍购物中心，成为港资大型餐饮的一张亮丽的名片。味千拉面、元气寿司、太兴、翠华、百乐门等港资餐饮品牌近年也成为购物中心的"常客"。

(2) 简餐青睐购物中心　新派菜渐露锋芒

踏入21世纪后，中式连锁快餐又迎来一波发展高潮。2008年，以美猴王为形象代表的72街中式快餐连锁店（见图4）首店开业；东方既白华南第一店在天河城开业。同年，真功夫在广州的第300家直营店开业。2009年，首创24小时营业模式的中式快餐品牌永和大王广州首店开业。在中式连锁快餐规模急速扩张的同时，多起食物安全事件将洋快餐们逐步拖入了泥潭。自2013年开始，洋快餐销售额集体下滑。

图4　72街中式快餐连锁店

购物中心的升温效应，刺激了餐饮品牌争先恐后地涌入，以快速提升它们的品牌知名度与竞争力。时尚的轻餐饮、简餐逐步成为购物中心一股异军突起的新势力，它们店面小、承租能力强，令大型餐饮一度是购物中心的"标配"成为过去时，在购物中心的餐饮结构中，快餐、简餐占比日益提高，其中尤以贡茶、喜茶、遇见小面、九龙冰室（见图5）、水果捞、江南果道、37°2、面包新语、85℃等特色品牌占比较大。

值得一提的是，店面小的摩打食堂、讲求"二文化"的太二、彰显江湖情结的江湖情（见图6）、主打桑拿菜的101群芳蒸宴、主营小资式烧烤的9窝、化身小精品进入购物中心的百年老字号陶陶居（见图7）等"新派者"，日渐成为消费者的新宠。这些新派菜不追求店面面积，以独特的饮食文化创新在餐饮行业中大放异彩。

图5 九龙冰室

图6 江湖情酸菜鱼

图7 陶陶居丽影广场店

(3) 品类细分成主流 "增量"刺激同质化

近年来，购物中心数量激增，餐饮业成为其解决招商难问题的救命稻草。餐饮业态在购物中心的比例，在短短五年间从10%升高至40%。当购物中心在招商计划中把餐饮作为主力军时，餐饮业态逐渐成为同质化的重灾区。

2015年行业数据显示，广东一线城市餐厅增量均超过50000家，增幅超过50%。以广州为例，广州2015年一年增加61926家餐饮门店，平均每天就增加约170家门店（见表4）。同时，品类市场还在不断分化。餐饮行业高温不退，导致各路人马跨界进入，刺激市场品类不断细分，行业竞争空前激烈。

表4 广东省一线城市餐饮门店增量分析 单位：家

	截至2015年1月1日	截至2015年12月31日	一年增量	一年增幅（%）	日均增量
广州	64292	126218	61926	96.3	170
深圳	63678	121607	57929	91.0	159

资料来源：大众点评网。

以广州市场的品类为例，专注烤鱼的有探鱼、探炉、炉鱼、炭鱻、龙门烤鱼、鑫炉等品牌；主打酸菜鱼的有江湖情、禄鼎记、太二等品牌；以比萨为卖点的有乐凯撒、尊宝、必胜客、比利时餐厅；主打面食的有西贝莜面村、九毛九、遇见小面；主营风味粉类的有三个辣椒（见图8）、俏凤凰、山顶沙河粉等品牌。广州餐饮市场可谓百花争艳。

图8 三个辣椒牛肉粉

餐饮业品类细分带来竞争，也吸引了各路资本的进入，传统餐饮领域创业开始成为趋势。如2014年创建的遇见小面（见图9），在2014年、2015年已获得天使投资和Pre A轮融资迅速发展，2016年11月16日，遇见小面再获联想旗下弘毅资本数千万元投资入股，在广州开出第10家分店。

图9　遇见小面

购物中心成就了特色餐饮大发展的同时，也导致了餐饮行业走入同质化的困境。电商团购、外卖的风行，令商场餐饮越来越难做，盈利能力的下降导致不少餐饮品牌熬不住而退出购物中心。大浪淘沙，唯有清晰的定位和不断创新，餐饮品牌才能在新商业地产模式下继续前行。

行业代表人物①

---

① 按姓氏笔画排序。

行业代表人物

一、马少栋:广州白云新城商业地产标杆项目的缔造者[①]

高瞻远瞩领风骚,运筹帷幄筑辉煌。

从2004年起,广东省两届人大代表、广东省青年联合会常务委员、百信集团总裁马少栋(见图1~图3)以前瞻性的目光,精准捕捉每一次市场机遇,带领企业完成跨越式发展,促使百信广场由一个在新市蹒跚起步的购物中心成长为目前广州北最具商业价值的城市综合体,缔造了一个又一个的"白云商业神话"。

图1　百信集团总裁马少栋

① 本部分由吴婕秋撰写。

图2 百信集团总裁马少栋（右）与第一商业网总裁黄华军（左）在采访现场

图3 百信集团总裁马少栋（左）与第一商业网总裁黄华军（右）合影

行业代表人物

（一）扎根新市打造白云商圈首个大型购物中心

纵论十二载白云商圈发展，自百信广场始。

虽然与越秀、荔湾、天河等繁华商圈同样被列为广州"中心六区"之一，但白云区大型零售商业蓬勃发展不过是最近十多年间的事情。2004年之前，整个旧机场路段多个专业批发市场星罗棋布，却没有一个大型的综合性商业中心，居民要买东西只能去当时的万客隆（卜蜂莲花）和广园新村的好又多超市，消费方式十分单一。

"我当时觉得，这可能是一个机会，于是我决定进军商业地产领域。"一张年轻又帅气的脸，加上文质彬彬的言行，马少栋虽然并非奋战在一线的商业地产操盘手，却是指挥大局、稳定军心的"企业掌舵人"，被业内人士亲切地称为"儒商小马哥"。

在马少栋的眼里，白云商圈真正的商业中心目前在新市。首先，新市目前的入住人口高达数十万，人口密度高；其次，新市位于白云区南部，是历史上的城乡结合部和城乡贸易集散地；最后，新市所在的机场路在改革开放后已经成为白云商圈的商业核心街，新市正处在这条路的核心点上。这些叠加优势，让百信广场有了一个很好的消费力基础。

有了一个好的想法，马少栋并没有盲目行动，而是找来熟悉商业地产运作的团队，在项目开发前期，整合社会资源进行科学的项目定位，打造先进、合适的经营模式和商业业态，引进知名品牌商家，从而确保项目能够引起社会关注，让竞争对手起码在3~5年内很难超越。

2004年，百信广场携手家乐福、广百两大商业大鳄，配合肯德基、怡景西餐等餐饮，加上白云区最大的5000平方米户外商业展示广场宣布开业，成为白云商圈内首个大型综合类购物广场，标志着白云区商业从此掀开崭新的一页。

如今回望，不得不赞叹马少栋超前的战略眼光和成熟的商业考虑，当时就将4万多平方米的百信广场定位为"白云商圈区域购物中心"。在经营规划上，项目首层临街部分为出售的独立商铺和大型国际知名品牌快餐门店；一至三层是家乐福、广百承租的大部分商铺，另外还有麦当劳、银行以及品牌餐饮门店等；负一层部分面积为精品经营区，天台有配备400个车位的停车场。

"刚开始很多人都抱着看好戏的心态，想看看在新市这样一个比较脏、乱、差的地方，去做一个这么高端的购物中心，到底行不行。"面对诸多的质疑，马少栋有着非同一般的发展眼光与胸怀，与团队默默耕耘，以百信广场惊人的业绩成长、商业经营旺场的事实，让这些怀疑的论调烟消云散，向市场交上一份满意的答卷。

据了解，自开业以来，百信广场连续三年营业额超过10亿元，在商圈内没有可与其竞争的对手，而广百百货更创下了百货业当年开业即实现盈利583万元的惊人业绩，一直为业内人士所津津乐道。

随着政府"北优"政策的实施、白云机场的搬迁，白云商圈的商业氛围愈加浓郁。毫不夸张地说，百信广场的出现，不仅代表了零售业的最高表现形式，它引进的新的品牌、业态和业态组合，对于改变白云区消费者的生活方式、生活习惯和生活品质来说，更具有划时代的意义。

（二）不断升级改造提升项目价值

十二年间，广州商圈由中心开花逐步向四面开花的局面过渡，白云商圈大型零售项目从无到有，从单一到多样。随着白云万达广场、五号停机坪、绿地缤纷天地、凯德广场·云尚等新晋者的陆续进驻，白云商圈已从原先城乡结合部的城郊商业，全面向都市化商圈进发。

面对激烈的市场竞争，马少栋并没有像一些只注重短期利益、将商铺一卖就走的开发商那样，而是继续追加投资，完善项目功能布局结构，调整经营品牌组合比例，不断提升项目商业价值。

为了满足消费者复合型的购物需求，百信广场在2010年下半年就已经开始进行项目的华丽升级：耗资4000多万元对项目外立面进行改造；商场外部规划上万平方米的商业前广场，设置了绿地、水体、林荫树阵和建筑小品，创造整洁、秩序而富于都市人文气息的广场开放空间；在商场大楼立面设置了接近200平方米的LED电视墙面，配合立面弧形立体LED灯效造型；同时规划和增加了1500多个停车位。升级项目使原先平淡的广场展现出熠熠生辉的文化魅力和艺术气息，满足消费者聚集和休闲交往的需要。

经过多年发展历练，百信广场的商业运作模式日益成熟，现有三期商场的业态组合颇为齐全。一期有主力店广百百货、家乐福超市；二期则集中了棒约翰、绿茵阁、洞庭土菜馆、仙踪林等特色餐饮店;三期则有金逸电影院、都市战士游乐场等娱乐休闲场所,更有韩国菜、西餐、台湾涮涮锅、日本寿司等餐饮,并引入当时华南地区面积最大、品类最齐全的优衣库旗舰店。自空中连廊建成后,百信广场不仅为消费者带来2500平方米的新增商业面积,打造"少淑馆",各期商场也可以实现无缝接驳,吃喝玩乐一站购。

2013年,百信广场启动"珠宝一条街"、"复式联排商铺"两大改造工程,六福、老凤祥、金至尊等知名珠宝品牌争相进驻,GXG、MIGAINO、曼娅奴、歌莉娅等品牌主打临街复式橱窗形象,而由萨莉亚意式餐厅、九毛九山西面馆、八里屯麻辣香锅、千味涮火锅、味千拉面等组成的"美食餐饮区"也已成形。

2014年11月,历经半年升级改造的百信广场,携手广百股份、香港稻香酒家等主力品牌全新亮相。整个购物中心扩容、改造升级面积2万多平方米,为消费者提供了全新的购物环境和多元化的营销体验。

(三)高位战略点亮发展新航灯

作为白云商圈12年巨变的启动者与亲历者,百信广场可以说是一路见证了白云商圈的巨变。回顾过去,马少栋感叹:"十二年前,大家对白云商圈的印象大多只是一个城郊结合部,以前一听到新市,很多品牌都不肯进来,我们的招商人员吃'闭门羹'是常有的事。现在就不一样了,品牌都抢着进驻,可以说百信广场见证了白云从城乡结合部向都会商圈迈进的历程,城市的发展为我们带来了很多的动力,让我们分享到城市发展带来的财富。"

马少栋认为,百信广场代表着一个"开拓者"的角色,它对于白云商圈的意义,就像天河城之于天河路商圈。"所以我们不但要把百信广场做好,还要做精,让它引领这个区域的消费风尚。"

12年的商业价值增长,百信广场树立起广州北第一商业地标,成就最具商业价值的城市综合体,更获得"北有百信广场,南有天河城"的美誉。

截至目前,百信广场日均客流量达20万人次,节假日客流量超50万人次,每年创造40亿元的营业额,成为了广州五大消费目的地之一(见图4)。其中,广百、家乐福、KFC等营业额稳居华南区域前三甲。

图4　百信广场

思路决定出路。百信广场能否脱颖而出，关键在于其商业定位是否与目标群的需求相吻合。面对全新的市场环境，马少栋站在新的历史起点，雄心壮志地开始筹谋企业下一个十年的发展蓝图。

据介绍，正在如火如荼地建设中的百信广场四期，邀请全球顶尖的美国LAGUARDA.LOW和仲量联行进行策划和设计，面积将达10万平方米，完工后商场总面积近20万平方米，届时百信广场总经营面积将达到36万平方米。

为充分满足消费者高品质生活需求，规划中的综合体集商务办公、酒店、购物中心和步行街于一体：引入高端超市，成为广州唯一"双超市＋一百货"的大型购物中心；建成广州唯一的IMAX和D-MAX双巨幕影院，配备2500个座位；国际标准室内真冰滑冰场、大型健身机构、高端会所、空中泳池应有尽有；科学馆、少年宫、儿童主题乐园等教育生活配套设施一应俱全；餐饮配套营业面积超2万平方米；配备有2500个停车位、25台电梯、28台手扶梯。

凭借显赫的地理位置、时尚的建筑立面、丰富的商业品牌以及合理的业态规划，百信广场已经成为广州商业地产项目的一个成功典范、广州商业热点中的研究标本，其倡导的生活方式影响了众多的新广州人，这里的流光溢彩、时尚休闲更是广州北商业魅力的集中体现。

展望未来，马少栋心中还有更多的抱负等待施展。他表示："我们有一份雄心，更有一份底气，把百信广场的综合资源优势转化为在市场竞争中的可持续发展能力，再来一次跨越式发展，再来一次历史性飞跃！"

二、王先庆：广东商贸流通领域的学术领头人与布道者[①]

作为广东商贸流通领域首屈一指的专家，王先庆（见图1~图3）为人谦逊，平易近人，谈笑间尽显学者风度。他默默耕耘着教育这片圣土，孜孜不倦地潜心钻研学术，一直希望能够尽自己的微薄之力为政府和企业提供行之有效的解决方案，在调节市场的"两只手"之间搭建"握手"平台，促进商贸市场稳健发展。

图1 广东省商业经济学会会长、华南商业智库理事长王先庆

图2 华南商业智库理事长王先庆（左）与第一商业网总裁黄华军（右）在采访现场

图3 华南商业智库理事长王先庆（左）与第一商业网总裁黄华军（右）合影

---

① 本部分由吴婕秋撰写。

（一）商业研究源自内心的热爱

谈起自己与商业的结缘，王先庆至今仍记忆犹新。

1986年，王先庆以优异的成绩获得留校任教的宝贵机会。然而在1989年，王先庆带领学生在湖南株洲实习时，发现自己写的很多文章与实际全无关系，从而促使他做出"下海"这一在旁人眼中颇为惊世骇俗的决定。随后的4年，王先庆分别在金融、房地产、农产品开发、出租车管理、教育管理等领域打拼，开办了多家企业。

1995年，31岁的王先庆经师友介绍，从湖南来到广州，从而开启了在广东的学术生涯。"这里是全国商业领域新兴思潮的重要发源地，有大量值得不断探索、研究、思考、交流和总结的新现象、新问题和新理念，这也促使我的学术研究一直保持着蓬勃旺盛的生命力。"

回首自己在商业研究方面的经历，王先庆着重强调的是爱好，那种源自内心的对于自己所从事行业的纯粹爱好，只有深爱一件事物才能全身心投入，并乐此不疲。在他的眼里从来没有寒暑假的概念，除了学校，几乎每一个与商贸流通领域相关的重大活动现场，都能寻找到他忙碌的身影。

"没有人逼你这么做，自己有兴趣才会这么做。搞科研如果是为了生存，当然会感觉很辛苦、很累，但如果有兴趣就不觉得累了。"也正是因为有纯粹的爱好与不竭的热情作为支撑，王先庆对于自己的工作从未感到乏味，一直乐在其中。

（二）宽容创新的氛围提供学术研究的土壤

时光荏苒，白驹过隙，转眼间，2016年已经是王先庆扎根在广州的第21个年头。

王先庆坦言，作为一名研究人员，广东最吸引他的就是宽容与创新的氛围。"不论是政府还是企业，都欢迎学者去沟通交流，同时政府也很开明，会采纳你的新观点，这让我感觉到自己的研究很有价值。"

2003年，王先庆率先提出广州应定位于国际商贸大都市的构想，并在2008年发布了《广州流通发展报告（2007~2008）》蓝皮书，引起各界高度重视。2010年，广州市政府采纳了王先庆的建议，正式提出建设国际商贸中心的目标。

随后,王先庆进一步提出,要吸引国际商贸总部尽量迁到广州。为此,广州市政府制定了各种优惠政策,吸引商贸总部入驻。2011年底,香港历史最悠久的出口贸易商号之一——利丰集团华南总部落户广州。

宽容创新的学术氛围为王先庆的研究提供了丰沃的土壤,并结出了丰硕的果实。多年来,王先庆先后主持、承担和参与全国各地各级政府各类课题150余项,发表论文300多篇,出版专著《产业扩张》、《市场进入战略》、《现代服务业集聚研究》、《渠道控制权》等近20部,主编《现代零售丛书》、《粤商研究丛书》、《现代国际商都研究丛书》等(见图4)。

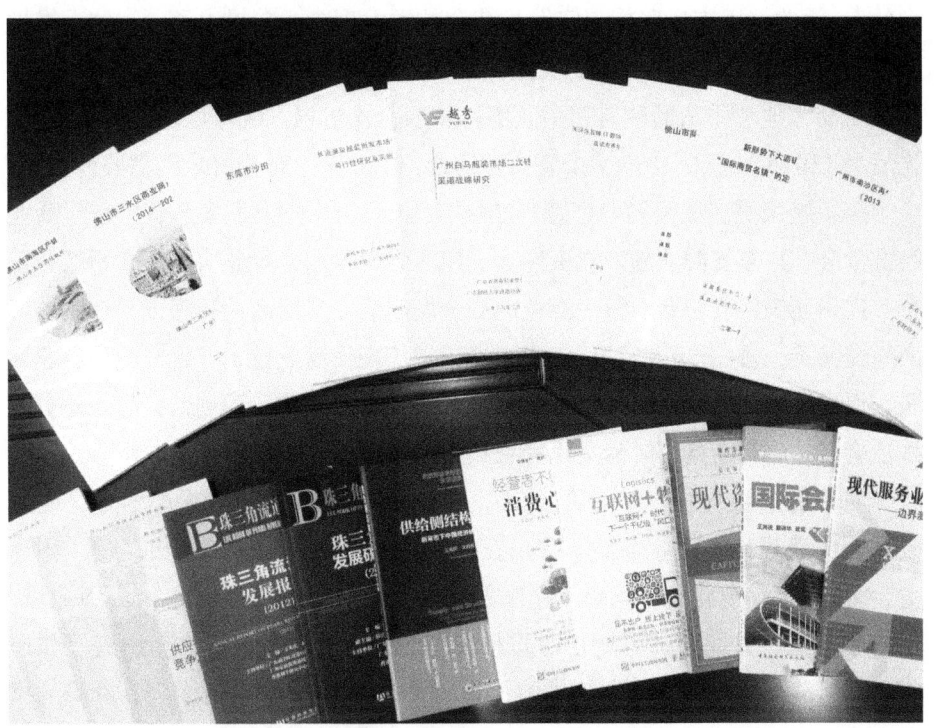

图4 王先庆部分著作一览

同时,王先庆还是商务部经贸政策咨询委员会专家,并担任广东省商业经济学会会长、广东财经大学流通经济研究所所长、广州市现代物流与电子商务发展研究基地主任,重点从事商贸物流、专业市场、商品渠道、电子商务、城市商圈等领域的研究;兼任华南商业智库理事长、中国商业经济学会和中国市场学会副秘书长,商务部、广州市政府、中国商业联合会、广东省电子商务协会、广州商业总会、天河路商会等全国各地30多个政府部门、企业与行业协会的咨询顾问或行业专家；另外，还身兼中国流通三十人论坛（G30）、广东智库等专业智库成员等多项社会职务。王先庆曾获得教育部颁发的"全国优秀教师"等国家及其他各级奖项40余项。

（三）为行业转型指明方向

谈及自己的研究态度，王先庆认为最显著的特点就是做实和做新，"不玩虚的"。为此，王先庆坚持与实践相结合的学术理念，并提出了一套"六维理念"，即从产业、资本、市场、文化、区域以及企业战略六个视角去分析企业。截至目前，他的团队同政府和企业签订多项合作协议，合作课题超过130个，先后为150多家企业、100多个省市政府部门、20多个行业协会提供咨询服务。

为了凝聚更多民间商业智慧，2014年11月，广东财经大学、广东省商业经济学会、广东省商业地产投资协会、广东省餐饮服务行业协会、广州商业总会、广州连锁经营协会、第一商业网联合发起成立华南商业智库，旨在团结华南商业精英，进一步普及现代流通知识，推广现代商业技术，提升商贸企业素质，促进区域商贸合作，推动商贸转型升级，推进理论实践创新，服务地方经济社会，共同打造具有岭南文化特点和体现华南商业个性的智库体系。

回首华南商业地产过去的20年，王先庆感慨万千。"华南作为全国商业改革开放最早、各种业态最丰富、发育成长水平最高的区域，市场化、国际化、现代化、信息化程度均处于全国领先水平，以太古汇、正佳广场、万象城、华南MALL、华发商都等购物中心和城市综合体的出现为标志，出现了如广州的天河路商圈已成为驰名中外的'华南第一商圈'，深圳的东门、珠海的拱北也成为具有较大影响力的城市商圈等商业奇迹，还培养出众多低调的粤商领军人物，这些成绩都值得肯定。"

互联网时代，商业地产未来发展前景如何？王先庆认为，站在历史的全新起点，商业地产行业将迎来大规模的"并购潮"，实现优胜劣汰，购物中心升级改造应遵循多元化、主题化、特色化原则，突出展贸型、购物型、休闲娱乐型、文化创意型、餐饮美食型五大主题，轻资产运营、互联网思维、体验式业态、社区商业等近年来兴起的新模式、新业态、新思维将成为主流。

三、刘武：中国现代物流之父[①]

刘武（见图1~图3），中国第一家民营物流企业的掌门人，物流企业界第一个全国人大代表，中国第一项企业出资的物流奖励专项基金——"宝供物流奖"的设立者，第一个走上美国加州伯克利大学汉斯商务大会演讲台的中国物流企业家，被业界尊称为"中国现代物流之父"。

图1 宝供物流企业集团董事长兼总裁刘武

图2 宝供物流企业集团董事长兼总裁刘武（右）与第一商业网总裁黄华军（左）合影

---

① 本部分由吴婕秋撰写。

图3 宝供物流企业集团董事长兼总裁刘武（右）与第一商业网总裁黄华军（左）在采访现场

作为第一代物流人的代表，刘武骨子里散发着"事业无疆域，崇尚感恩，与时俱进"的潮商精神，实践、发现和创新中国现代物流之道，以惊人魄力创建独有的"宝供模式"，傲立于世界现代物流之林。

（一）梦想启航于1994年

1963年出生的刘武是地地道道的潮汕人。1985年，刘武进入汕头供销储运公司，被调到公司的广州转运站，从此与物流结下不解之缘。

然而好景不长，转运站因亏损面临倒闭，年仅27岁的刘武勇敢地向领导提出承包的请求，用身上仅有的80元钱购买了一个手提箱，奔赴株洲、长沙、郑州、石家庄、北京、天津、上海等地与商业储运公司逐一洽谈，打造24小时服务，变零担为整车发运，一个月竟拼装高达两百多个火车皮，创下高达百万元的惊人利润。

正当转运站经营得风生水起之际,刘武毅然做出"下海"的决定。1994年,由刘武创办的中国第一家民营物流企业——广东宝供储运有限公司宣告成立,1999年成立了宝供物流企业集团有限公司(简称宝供),它是我国第一家经国家工商局批准以物流名称注册的企业集团。

宝供起步之初,非常幸运地遇到了发展生涯中的"贵人"——世界500强企业宝洁公司。20世纪90年代初,宝洁刚进入中国市场,最苦恼的问题就是如何把产品安全快捷地送到全国各地,但是能满足此需求的物流公司几乎没有,而宝洁找到了宝供,条件是必须通过极为严苛的质量控制标准体系GMP认证。

当时宝供在全国有近30万平方米的仓库,但条件都不太好,要保证这些仓库的硬件全部符合GMP的要求,难度非常大,但刘武毫不犹豫地应承下来,并积极进行调整改造。3个月后,广州、上海、北京、成都再次接受GMP评估,成绩都在90分以上,成都竟然获得了100分,当时宝洁的全球仓库里,只有日本东京的仓库才能达到满分标准。

GMP让宝供脱胎换骨,亦成为宝供晋身现代物流企业的起点。随后,刘武又大胆地把工业化的生产模式和操作标准运用到物流实践中来,第一个在中国建立了先进的现代物流运作管理系统和质量保障系统。这两大系统的运用,极大地降低了物流环节的残损率。宝供万分之一的残损率,相对于当时普遍5%的残损率,只有其1/500。同时,宝供的运作可靠性达到98%,运作效率提升2~3倍,为行业树立了高水准的崭新标杆。

(二)心怀中国物流之梦

刘武认为,物流业是一个国家经济运行的血脉,是未来国家转型升级最重要的基础产业,无论国家怎么转型、怎样升级,物流都是基础。一名物流从业者不应只看到个人的利益、企业的业绩,更应时刻关注整个行业的发展。

2008年3月12日,北京"两会"期间,在广东代表团的一次媒体开放会上,刘武的发言立意高远、思想深邃,引起各级领导和代表们的高度关注。

他谈到，受制于中国现代物流发展水平，很多中国优质的农产品不能运出原产地，甚至更远的海外去获得更高的附加值，农民增收受阻；中国全社会资金周转速度不及发达国家的 1/10，造成资金投放过大；高企的汽车空驶率每年白白浪费 6000 多万吨成品油，让节能减排困难重重。"从深层次来说，这些都是物流的问题！"

作为十一届全国人大代表，刘武认真履职，以对国家高度负责的精神和强烈的使命感，在这五年任期内，投入大量经费、时间和精力，共提交了 20 多份建议提案，其中 80% 都是集中对物流行业提出的观点和建议，得到国家发展和改革委员会等部委的高度重视和积极回应，并据此制定出台了相关政策法规。

2012 年 3 月，刘武提交了凝结着他对现代物流深入思考的报告《关于大力发展广东商贸流通业的建议》，中共中央政治局委员、时任广东省委书记汪洋高度重视并做出重要批示："这是一份很有分量的报告，请组织认真研究，把广东的流通工作提升到一个新的水平……"

"制造业和流通业是支撑我国经济发展的两大支柱产业，制造业集万千宠爱于一身，得到了快速发展，而流通业却长期得不到重视，造成中国经济'重生产、轻流通'的旧思想根深蒂固。但我相信，只要我们用心去做，每个人都以推动行业的发展为己任，总有一天，中国的物流业能够真正站在世界物流业之林的最前列，任何人都能够在全世界的大街小巷买到中国的农产品。这也是宝供这几年坚持组织研讨会和推动'宝供物流奖'的初衷。"刘武的话语间饱含着对中国物流行业的深情。

鉴于刘武为中国物流行业做出的突出贡献，他被《人民日报》誉为"中国现代物流之父"，近年来被授予"中国十大物流风云人物"、"中国最具影响力的民营物流企业领袖"、"中国物流企业年度人物"、"年度商业模式创新奖"获得者、"广州市优秀民营企业家"、"全国物流行业劳动模范"、"中国物流改革开放 30 年突出贡献人物"、"推动中国商业进程——商界精英"、"新中国 60 年航运与物流业杰出人物"、"十大新粤商"、"汽车物流行业突出贡献企业家"、"中国商业服务业改革开放三十周年卓越人物"等荣誉称号。

（三）顺应趋势主动升级转型

近年来，服务于制造业的第三方物流市场竞争日趋激烈，特别是互联网经济的蓬勃发展，使得一些新兴模式的物流企业出现并迅速发展，不少颇具规模和影响力的老牌物流企业面临着不小的冲击，如何实现升级转型，成为摆在这些企业面前的难题。

对于任何一个企业来说，发展到一定时期，都会遇到自身的瓶颈，对此，宝供选择积极应对挑战，给出"走出去+请进来"的解决方案。"走出去"，就是亲自带领团队到德邦等优秀企业去参观调研；而"请进来"，即聘请国际知名管理咨询公司来宝供把脉坐诊，梳理并重塑流程。

刘武表示："作为第三方物流服务企业就要时时刻刻站在客户的角度去思考问题，让客户感觉到更方便、更快捷、更舒服，想在前、做在前，进一步优化流程，让供应链更短，反应更迅速。"

宝供物流集团参与投资的宝奥城项目效果图如图4所示。

图4　宝供物流集团参与投资的宝奥城项目效果图

面对当前中国经济形势的大调整、大变革，同时顺应国家供给侧结构性改革的战略方向和供应链变革的发展趋向，在2014年宝供物流集团成立20周年之际，刘武开启了宝供发展战略的转型升级。

通过"四轮驱动、两翼腾飞"新发展战略的实施，"打造供应链一体化服务能力，构建供应链生态圈"，为广大客户和用户提供从数据分析到大宗原辅材料采购、产成品分销、金融结算，以及在采购、生产、销售等过程中所涉及的各种物流服务，同时宝供的基地提供强有力的实体平台的支撑，形成线上线下多功能、全方位供应链一体化生态环境，使实体经济能更专注于自己的核心能力，使交易过程更有效、更轻松、更快捷。

每一个时代都需要梦想，每一次远航都需要航灯。经过22年的开拓与发展，宝供物流已成为我国目前最领先、最具规模、最具影响力的第三方物流企业，为100多家全球500强企业及国内大中型企业提供供应链一体化的综合服务，被国家各有关部门授予"中国物流示范基地"、"中国高新技术企业"、"中国驰名商标"、"5A级物流企业"、"广东省流通龙头企业"、"中国物流百强企业"、"企业信用评价AAA级信用企业"、"中国企业信息化500强"、"最具竞争力物流企业50强"、"中国民营物流企业10强"等称号，从而奠定其在业界的领先地位，成为中国物流业的一面旗帜。

行业代表人物

四、花涛:深圳零售行业前进的推动者[①]

在沃尔玛1996年登陆深圳、当地零售业惊呼"狼来了"的背景下,1997年,深圳市零售商业行业协会宣布成立。

从2004年发起引来各界关注的"银商之争",为商业企业争取降低刷卡手续费率而与银行业谈判,到2008年成为商务部指定的行业标准起草机构,主导起草的《零售业基层岗位技能要求》系列行业标准正式实施……桩桩事件奠定了深圳零售行业在全国的领头羊地位,而深圳市零售商业行业协会会长花涛(见图1~图3)则在其中扮演了推动行业稳步前进的重要角色。

图1 深圳市零售商业行业协会会长花涛

---

① 本部分由吴婕秋撰写。

图 2　深圳市零售商业行业协会会长花涛（右）与第一商业网总裁黄华军（左）在采访现场　　图 3　深圳市零售商业行业协会会长花涛（左）与第一商业网总裁黄华军（右）合影

（一）毅然放弃"铁饭碗"

1990 年，花涛怀揣武汉水利电力学院的研究生证书，南下广州，进入广东省电力局工作。"我父亲也是电力系统的，所以我算是子承父业，但其实我并不喜欢理工科。"

1994 年，花涛孤身一人踏上深圳这片热土，进入机关，短短三年时间就升任深圳市贸工局经贸中心办公室主任。这时，一个改变花涛人生轨迹的机会出现了。

1996 年，沃尔玛和家乐福进驻深圳，在带来先进经营理念和技术的同时，也对本土企业形成了巨大的压力。在具有超前市场经济意识的政府部门的推动下，内外资企业联合成立了协会，以协调行业企业之间的矛盾。当时主管商业的领导找到了花涛，问他愿不愿意去筹备这件事。

"我当时也没有太多犹豫和顾虑，领导上午问我，我下午就答复'没问题'。"现在回想起来，花涛也很佩服自己当年的勇气。"当时很多人不理解我为什么要放弃'铁饭碗'，但我心里很明白，我还是希望能与更多人接触、打交道，想做些更适合自己的事情！"

1997 年，深圳市零售商业行业协会正式宣告成立。从业至今，花涛历任协会常务副秘书长、秘书长、会长，现任深圳市零售商业行业协会执行会长、深圳市政协常委。

在深圳发展的初期，在一个零售行业从新生到创新，并且迫切需要强大平台来支撑的年代，在一个零售商业行业协会从无到有的时期，花涛所遇到的困难是难以想象的。

如今，花涛偶尔想起以往的点点滴滴，也会忍不住感叹："刚开始确实是很难，但值得庆幸的是，我们终于熬过来，并且越来越好了。"而他本人也在工作中荣获"1996~2006 广东商业十年盛典·行业特别贡献人物"、"零售十年·推动零售业进步的十大人物"、"浩森杯 2008~2009 中国零售业年度人物"、"广东连锁辉煌 15 年杰出人物"、"十大社会组织功勋人物"等多项荣誉，成为深圳零售业 15 年发展历程中不可或缺的代表性人物之一。

（二）社会管理的"第三力量"

十多年来，深圳零售业在"与狼共舞"中迅速成长，而深圳市零售商业行业协会作为一个民间协会，在帮助企业与政府对话、互动方面发挥了重要的桥梁作用。

花涛表示："协会代表着深圳市商业、服务业的主导能力，是深圳市商业、服务业的权威中介组织。协会致力于打造零售连锁业强效助推平台，为会员提供三大价值：资源大平台、企业助推器、行业代言人。"图 4 为花涛作协会工作报告。

在 2004 年那场激烈的"银商之争"中，时任协会秘书长的花涛一直充当着行业的代言人，他带领协会为行业的整体利益摇旗呐喊，代表商业企业与深圳银联以及银行同业公会多次谈判。

2005 年 5 月，国家九部委联合发布了

图 4　深圳市零售商业行业协会会长花涛作协会工作报告

《关于促进银行卡产业发展的若干意见》，深圳零售商业行业协会代表会员提出的诉求基本上被采纳，充分体现了在市场经济环境下行业协会的作用，协会由此一举成名。

2006年9月，协会了解到政府有关部门正在制定《深圳现代服务业发展"十一五"规划》，立即主动沟通，反映零售行业的情况，并提交《对深圳市现代服务业发展"十一五"规划（送审稿）的建议》，最终该规划采纳了协会的部分建议。

2009年8月1日，由深圳市零售商业行业协会起草、经商务部公告发布的《零售业基层岗位技能要求》系列行业标准正式实施，首推《零售行业基层岗位资质证书》，印证了深圳零售业的服务标准在全国处于领先。

为了更好地规范深圳零售业食品安全管理，协会牵头编制了《深圳市零售商场食品安全管理控制体系》，并从2011年开始组织开展"深圳市食品安全规范管理店"评审工作，不但在全国率先建立了一部专门适用于商场的食品安全管控体系，首创了评审办法，而且最终在商场食品安全管控体系实施中看到了初步的成效。

同时，协会一直为解决深圳零售企业总部难以扎根的问题而积极奔走。据不完全统计，深圳市零售商业行业协会参与制定及提交意见的国家和地方政策达10余项。

此外，协会切合会员核心需求，提供有效服务，打造"深圳手信"，开展促消费活动，举办"中国品牌连锁大会"等。截至目前，深圳市主要大中型商业企业、连锁及特许连锁企业都已成为协会会员，企业数量逾400家，门店数约6万家，从业人员总数超过70万。

"在最早的计划经济时期，市场上就两个主体，一个是政府，另一个是企业，而在之后的市场经济下，社会组织逐渐成为第三个主体，它们起到了很大的监督和协调服务功能。"花涛强调，当时创会时会长就说过，要敢于代表行业向政府争取利益，敢于为了行业利益跟政府"吵架"。而经过三个阶段的民间化改革，深圳零售商业行业协会彻底脱离行政"襁褓"，真正成为社会管理的"第三力量"。

五、佘旭锦：从代理商到上市公司的时尚王国缔造者[①]

20世纪90年代初，以佐丹奴为代表的休闲服饰在中国服装市场掀起了更新换代的年轻化热潮。在各种休闲品牌百家争鸣之际，一家以代理品牌起步的公司也乘势而起，经过21年的努力，它在2016年成功登陆新三板（见图1），成为国内知名实力企业，它就是广东宾宝时尚实业股份有限公司（简称宾宝时尚）。

图1　广东宾宝时尚实业股份有限公司在新三板挂牌上市

① 本部分由黎烙华撰写。

图 2 宾宝时尚董事长佘旭锦

作为创办人,宾宝时尚董事长佘旭锦(见图2、图3)既是品牌代理的操盘手,也是宾宝时尚的"掌舵人"。从代理到自有品牌,到如今全国300多家门店,佘旭锦说:"创业源于偶然,但22年的努力都在为以后更长的岁月而准备。"

(一)商业地产改变了原有的商业格局

图 3 宾宝时尚董事长佘旭锦(右)与第一商业网总裁黄华军(左)合影

宾宝(BENBO)发展,刚好走过了第一个20年,佘旭锦认为,BENBO可以说是与商业地产同步成长,并见证了华南商业地产、零售业的变化发展。21年前,服装行业主要是以百货公司、零售街铺为主,直到第一个购物中心即天河城的诞生。"购物中心的商业模式与百货、街铺截然不同,当时大家都在猜测这种模式可不可以?当然,第一个吃螃蟹的,赢得了满堂红。"

商业地产的出现改变了零售业原有的商业格局,BENBO的模式亦然。佘旭锦表示,和大多数品牌一样,早期做零售是百货公司为主,其次是商业步行街和购物中心合作;现在,BENBO的商业模式基本是购物中心店+百货店+街铺,以购物中心为主了,因为大众消费模式与消费习惯已经发生改变,消费者越来越重视购物环境,BENBO的商业模式也在向体验感看齐。

（二）代理瓶颈带来发展机遇

在20世纪80年代的中国，商务型服装是主流，皮尔卡丹和金利来是其中的佼佼者，当时的个体户老板都以拥有一套皮尔卡丹或金利来的衣服为荣。到了90年代，受到港资休闲服饰热潮的带动，国内服装几乎主要以香港服装品牌为主。"我是香港科班服装设计出身，这股港资风让我觉得代理品牌也是可以尝试的创业方向。"

"宾宝时尚于1995年成立，开始做苹果（TEXWOOD）、牛仔（WRANGLER）等品牌代理，最高峰时共运作囊括了猛龙(LAWMAN)、班尼路(BALENO)、佐丹奴(GIORDANO)、堡狮龙(BOSSINI)、埃斯普利特(ESPRIT)、G2000、U2等16个品牌的国内地区代理权，分布在湖南、湖北、广东等省及西南地区和潮汕地区。"

佘旭锦表示，90年代的中国市场还有很大的发展空间，由于品牌质量有保证，渠道销售良好，代理生意做得很顺畅。通过代理品牌，宾宝时尚年回笼的资金超过4个亿。然而当时的商业市场并不成熟，品牌商和代理商之间没有"抱团发展"的意识。"尽管业绩很好,但品牌商给予的进价、批发价很高，甚至把业绩好的品牌收回去，导致公司真正的纯利很低，也促使我们萌发了到欧洲代理，乃至发展自有品牌的想法。"

2003年，宾宝时尚尝试代理欧洲二线品牌，因缘际会偶遇德国设计大师创立的"BENBO"品牌。可惜当时的代理需求遭到对方拒绝，辗转大半年后对方却主动提出合作，于是公司买断了BENBO亚太地区代理权，BENBO成为了宾宝公司的自有品牌。2004年，宾宝时尚开始引进主打男装的宾宝（BENBO）品牌，并在次年重装推出市场。

（三）积极调整市场策略实现成功上市

宾宝（BENBO）刚推出时，总部设在汕头，定位三四线品牌；直到2010年才将总部迁到广州（图4为宾宝时尚广州总部），花了一年的时间调整市场策略与团队，从2012年开始发力一线市场。在这个过程中，一切似乎都很顺利。"自己做品牌，可谓轻装上阵。一方面，公司之前运营过很多成熟的大牌，另一方面，经过十多年来的渠道沉淀，推出新品牌没有太大压力。"宾宝（BENBO）很快就在市场站稳了脚跟。

图 4　宾宝时尚广州总部

图 5　宾宝时尚的 4S 概念店

随着需求量不断增大，宾宝（BENBO）越做越大，公司乘势扩大招商，给予代理商大力的支持，甚至不计成本、利润来多开分店、追求规模。然而在 2013 年前后，国内服装行业均受到消费升级、国外快时尚品牌跑马圈地、电子商务等多面夹击，行业颠覆得太快，当

行业代表人物

时的宾宝（BENBO）也是措手不及。一直沿用的模式和积累的经验一下子都行不通了，投入的资金、人力都陷入了困境。

从这时起，宾宝时尚开始研究主流消费群体的喜好，发现他们的消费模式与观念已不可逆地转变了，他们既喜欢随兴的网购，也注重体验感，喜欢性价比高的产品，对品牌的选择没有唯一性。于是宾宝时尚把主流消费群体瞄准为"80后"、"90后"消费者，优化产品设计环节，借力购物中心，再以互联网思维进行营销，宾宝时尚经过三年多的努力终于于2016年成功上市。

（四）单品类店要向多元创新转型

佘旭锦表示实体店与电商在竞争的同时也在融合发展。零售市场的变化，移动互联网的成熟，也促使消费者对购物环境有更高的体验感需求，在商场店里可以"拍"可以购，购物中心既是体验中心，也是物流中心。

如今，单品类服装已不能满足消费者多元化的需求，宾宝时尚也在变革。产品上，宾宝时尚从单品类店逐步向平台转移，将传统的"品牌+渠道"模式转型为"品牌+平台"模式。现在IP经济、粉丝经济大行其道，个性化的设计师需要展示，和设计师、明星建立合伙人制度，借助其创意和设计让产品更个性化、多元化。在店铺方面，宾宝时尚也在加强与一二线城市购物中心的合作，打造具有体验特色的旗舰店（如图5所示）。

"互联网的启蒙时代已结束，它将成为普惠性工具，是时候用生态思维与产业链来对话了。有创新意识的开创型平台企业必将崛起，掀起变革和引领者的跨界联合，理论和实践者的统一，创新、创意与创造的多重角色必将傲然而生。"佘旭锦对未来如此憧憬。

六、宋宁：广州连锁眼镜店探路人[①]

"清晰目光，尽在东方"。"亚洲优秀眼镜零售商"、"中国十大眼镜零售商"、"广东省著名商标"、"广州市著名商标"……始创于1988年的东方眼镜拥有着众多荣誉的光环。从改革开放的春风中迎面走来，经历了商业地产的崛起与成长，作为第一批进驻购物中心的眼镜品牌商家，东方眼镜既是这场商业大潮的参与者，也是引领者。

作为创立28年的广州本土连锁品牌，东方眼镜目前共运营50多家门店，商场店超六成。"东方眼镜是广州第一个眼镜连锁品牌，分店数量在同行内为全广州第一、销售额为全广州第一。"谈及东方眼镜创造的多个"第一"，东方眼镜董事长宋宁（见图1、图2）可谓如数家珍。

图1　东方眼镜董事长宋宁

---

① 本部分由黎烙华撰写。

行业代表人物

图2　东方眼镜董事长宋宁（右）与第一商业网总裁黄华军（左）合影

（一）创业那点事：验光师 + 采购员

宋宁是中国恢复高考后的首届眼视光学专业毕业生，1980~1986年在当时的中国第一家中港合资（南方大厦）电脑验光配镜中心担任验光师，其后两年在南丰商场担任眼镜、玩具、文体用品的品类采购员。随后，凭着个人专业技能和过人胆识，他毅然下海创办了中国首家眼镜专业连锁店，亦成为当时中国唯一一位拥有高级验光技师（验光最高级别）资质的企业家。

回顾往昔，宋宁感叹道："验光师只以数据说话，是一个相当严谨的职业。作为采购员，则是说话要圆、做事要方，非常强调变通性。当年的百货公司与现在的分成制度不同，产品由采购员自行采购与摸索经营。在南丰商场的两年时间，我学会了商业操作，学会了顾客心理学，通过商品组合来赢得消费者的青睐。"

1988年，百货公司体制内的眼镜店，全广州只有6家。"当年这些店铺每天都大排长龙，店里大部分都是非专业的验光师傅，验光要半个小时，取眼镜要45天。我觉得我有专业技能，可以服务到更多的人，可以做得更好。"于是，29岁的宋宁放弃全民所有制的"铁饭碗"，开始下海创业。宋宁用借来的3万多元和赊来的设备与产品，在广州龟岗马路边承包了"东方果店"的铺位，开出了30多平方米的第一家眼镜店。"东方眼镜"这个名字，就这样诞生并一直沿用至今（见图3）。

图3　1988年在广州东山龟岗大马路开出第一家店

（二）品牌升级：购物中心PK百货商场

东方眼镜在第一家店开业不到3个月即开出分店，以街铺为主的连锁经营路线直到1996年发生了改变——瞄准中国第一座购物中心"天河城"，成为第一批进驻购物中心的品牌商家（见图4），自此，东方眼镜有了不一样的发展轨迹。"这20多年里，东方眼镜选择将大部分的分店开在购物中心和百货大楼，因为购物中心和百货大楼的发展迎合了消费者追求生活品质的消费习惯与观念。"

图4　天河城东方眼镜门店

1996~1999年是东方眼镜发展的黄金时期，每年以新开5~6家店铺的速度拓展市场，四年间已开出20多家分店。"一方面，购物中心的消费模式不受天气影响，业态组合丰富，消费者逗留时间较长；另一方面，购物中心的消费客群层次较高，消费定位清晰。"宋宁认为，相对来说，街铺是观光性质的，"羊群效应"明显，购物中心在为品牌带来更好业绩的同时，也推动了品牌升级。结合商业地产的发展模式，东方眼镜的品牌口碑和发展势头一时无两。图5所示为正佳广场东方眼镜门店。

相对购物中心，东方眼镜在百货商场的发展并不理想。"目前销售最好的店都在购物中心。受多方面因素影响，百货商场店业绩低迷，其中一个因素就是没有购物卡了，生意额在下跌，也导致百货商场店内品牌必须长时间打折促销。品牌打折优惠给了消费者，百货商场还要对品牌进行扣点分成。利润越来越少，对于眼镜行业来说是比较难做的。目前东方眼镜已将在深圳和广州天河区域的百货商场店，转型为新颖的写字楼店。"

图 5　正佳广场东方眼镜门店

（三）"第一"的秘诀：本土服务 + 布点

创业之初，宋宁在《舞台与银幕》上刊登了"能验配各种奇难杂症"的广告口号，不少广州街坊邻里拿着自己配得不舒服或者有问题的眼镜来到门店，这些地道的老广东人就成了东方眼镜的第一批忠实粉丝。"80 年代末，会听会讲普通话的老广东人并不多，验配眼镜并不是一项简单的产品售卖活动，选镜框、测瞳距、验配镜片等一系列工序需要各种仪器测量和语言沟通，为了提供接地气的服务，企业团队从一开始招揽的人才基本都是广州本地人。"

在产品方面，东方眼镜是广州首家出售美国软性隐形眼镜和椭圆型眼镜框的眼镜店，也是第一家推出镀膜镜片和多焦点渐进镜片的眼镜店。在专业技术和服务领域中深耕精研，引进并改良了英美国家先进的六米验光技术和近点验光技术。宋宁笑称东方眼镜的验光师都是"技术控"，他们在"全国首届验光大赛"华南赛区包揽了前四名，在全国总决赛中拿到了第三名。

"东方眼镜这 28 年是怎么跑出来的？靠的是商品、技术、专业和质量系统，还有就是布点。将 80% 的店铺开在购物中心和百货商场，在提高品牌知名度的同时，进行定位细分，形成固定的消费群体，他们对眼镜的款式、品质、舒适度都有较高的标准，对品牌认可要求较高，东方眼镜的口碑就是从这些购物中心的消费群体里传开来的。"

（四）为民为企业：转型发展社区店

从眼镜"暴利事件"到电商兴起刚好走过 10 年，这些年东方眼镜转移了拓展的方向。"配镜需要亲自来试、调、配，因此电商对眼镜行业的影响暂时不大，但广州眼镜市场的混乱导致了各种假、劣产品以次充好，造成眼镜行业暴利的不良现象。"宋宁认为，不专业的配镜服务会导致度数加深，目前 30% 的近视是由于技术不到位导致的，这些缺乏专业与技术支持的眼镜个体户在市面上不计其数。

"前 20 年，购物中心店的成功为品牌赢得了知名度与口碑，接下来，在保留原有旗舰店的同时，东方眼镜将会大举进军社区店，把东方眼镜的专业和服务带到社区，把分店开到有配镜需要的消费者身边。"

作为东方眼镜转型计划的重心，社区店的产品结构将有别于购物中心店，以满足社区消费群的配镜需求；在经营模式上，企业支持验光师即店长创业，采用内部员工无忧加盟模式。宋宁表示："改制后的社区店，店长与店铺共成长，产品组合将更贴近消费者需求，便民的同时也有利于企业更长远的发展。以平民化的价格享受专业与时尚，传统眼镜连锁模式需要创新，眼镜也可以变得'快时尚'。"

七、陈光明：广东本土商业地产航母的"掌舵人"①

从工程师到策划人，再到商业地产新贵，富港集团总裁陈光明（见图1~图3）在不同的领域都能创造出非凡的成就。时光在他身上留下了成熟与睿智，却没有带走他的激情与初心。对于陈光明来说，人生最大的成就在于每一件想做的事情都能成功，而他的下一个目标，就是将富港集团打造成为广东本土商业地产"航母"。

图1　富港集团总裁陈光明

---

① 本部分由黎烙华撰写。

行业代表人物

图2 富港集团总裁陈光明（左）与第一商业网总裁黄华军（右）在采访现场

图3 富港集团总裁陈光明（右）与第一商业网总裁黄华军（左）合影

（一）做策划：看得见的广播

"我是苦孩子出身，在茂名一个小村庄长大，深知只有读书才能改变命运。"正是这个朴素的信念，支撑着陈光明刻苦学习，默默努力，最终以高分考取广东名校——中山大学。

1990年，陈光明从中山大学力学系毕业，进入广东省石化厅，成为了一名建筑工程师。由于实在不喜欢和数据图纸打交道，1993年，陈光明跳槽到广东电台的广告策划部。

"我做电台的风格跟别人不同。"谈起以前的"威水史"（注："威水"为粤语口语，指"了不起、很厉害"），陈光明的话语中难掩几分自豪。

1996年，陈光明"承包"了当时的文艺台，改名"城市之声"，开始了对电台业态的颠覆。极富营销策划天分的他，深知先声夺人的重要性。接手之初，陈光明便在各大媒体下重本打广告，用10万元年薪招揽主持人，让当时的业界一片哗然，要知道，当年的主持人平均年薪也不过四五万元，这在笼络人才的同时，也让"城市之声"获得更多的曝光率。

1996年4月18日，"城市之声"开台，陈光明告诉听众，他们要做一个"看得见的广播"。他开始将直播室搬出电台，在各大百货商场搭建"玻璃房"，把电台录制的全过程曝光在听众面前，在仟村百货创建了全国第一家24小时户外直播的电台。在他的精心策划下，"城市之声"的收听率一年后就跃居全省电台的前三，最高一年的广告额就达到3000万元。

对于陈光明而言，十年策划生涯对他最大的影响是接触到了不同的行业。"给别人做策划你一定要是专家，这样别人才能放心把项目交给你。"在大量的商业活动中，陈光明对各个行业的运作逻辑有了认识，其中就包括了商业地产。

（二）做商业地产：勤奋做事、诚信经营

陈光明天生就是一个不满足于现状的人。20世纪90年代末，陈光明逐渐淡出策划界，以拼搏的精神、超乎寻常的胆识、一往无前的魄力和不达目的誓不罢休的韧劲，将全部心血倾注于富港集团。

2003年，陈光明决定在佛山三水一块荒芜之地上建筑一个大型的购物广

场——三水广场,当年几乎所有亲友都不看好这个项目,可他坚持自己的想法并付诸行动。

2005年9月,三水广场一期全面开业,为三水人民提供了便捷的"一站式休闲消费"服务,一夜之间改变了三水人的生活。此后,三水广场一期每天都人头攒动,还带动周边的荒地矗立起一座座楼盘,带旺了三水区的城市化发展,这一切都证明了陈光明当初确实富有远见。

尝到甜头的富港集团乘胜追击,专注深耕广东省二三线城市的商业地产,成功开发运营佛山三水广场(15万平方米)、增城东汇城(21万平方米)(见图4)、开平东汇城(80万平方米)和梅州东汇城(30万平方米)四个大型城市综合体项目,以及梅州富港国际酒店、广州伊士高酒店两个大型综合性商务酒店。其中,前三个综合体均为所在地区首个大型城市综合体,为当地引入全新的"一站式休闲消费"概念。目前在建商业项目包括江门东汇城(50万平方米)、阳江东汇城(22万平方米)、茂名东汇城(60万平方米)和三水东汇城(66万平方米)。

富港集团的成功除了归结于陈光明善于审时度势,更得益于他的沉淀积累和学习总结,善于进行大胆创新。"我很喜欢周游列国,除了观察当地的商

图4 增城东汇城

业地产项目,还会不断寻找当地的新鲜事物,看看有什么可以融入到富港的城市综合体中去。"

"粤商业,粤动力"是富港集团的口号,也是陈光明经常挂在嘴边激励员工的话。"一方面坚持用商业带动项目,另一方面专注在广东地区,对每个项目都做到精细化管理,寻求广东业主和消费者最喜欢的运营方式。"陈光明说。

为加快各个城市东汇城项目的招商开业,富港集团推出"定制商业",投入资金成立多个自有品牌,包括享美事餐饮、新姿百货,以及儿童、游戏、KTV、酒店等业态。

在陈光明的设想中,2025年,富港集团要实现持有15个购物中心,经营规模达150万平方米,年租金收入达18亿元的目标,并计划在新加坡以REITS的形式上市。在陈光明的"掌舵"下,富港集团已成为目前开发经营面积最大、规模也最大的广东本土商业地产开发商。一个广东本土商业地产新型领军"航母"已然成形。

(三)做人:热心公益回报社会

陈光明曾经说过,"人生三大精神家园是故乡、家庭和母校"。在充满艰辛和挑战的创业路上,陈光明始终坚持发展企业、服务社会的信念,热心社会公益事业和慈善事业的发展。

2015年9月,陈光明以个人名义赠予母校中山大学珠海校区3000万元,支持该校的基础设施建设以及面向全球引进高水平人才,同时受聘为中山大学董事会成员。由于贡献突出,陈光明获得中山大学管理学院EDP校友联合会颁发的"年度慈善企业家"大奖。

2016年1月15日,陈光明当选为茂名市民营企业商会第五届执行会长及茂名商会公益基金会会长,富港集团为该基金会捐赠了30万元,并现场集资近500万元,致力为茂名的慈善事业做贡献。此外,陈光明还捐赠了50万元为茂名市第四中学建设富港足球场,支持家乡的教育事业,造福桑梓。

2016年2月,陈光明再牵头捐款,携手中山大学管理学院EDP校友联合会、

行业代表人物

中山大学管理学院（房地产领袖班、董事长创新思维班、商会会长班、董事长学习圈）联合捐出近40万元，帮助建设茂名市鳌头镇公文村委会逸仙老年活动中心，让村委会400多名老人老有所依、老有所乐、老有所学。

2016年6月7日，胡润研究院携手公益组织"大城小爱慈尚会"发布"2016胡润慈善榜"，100名中国最慷慨的慈善家上榜。陈光明因捐款3000万元首次榜上有名，荣登第55位。

八、邵建明："点石成金"的广州商业奇才[①]

在海印集团董事长邵建明（见图1~图3）身上，有着粤商群体一个共同的特质：理性务实，多做少说。

图1 海印集团董事长邵建明

"很多人问我们，为什么海印能开一个旺一个，生意能做得这么久？我告诉他们，海印的核心竞争力就是创新能力。"邵建明语速极快，"我们把自己定位成一个商业平台的营运商，海印股份要做的是引领者，而非追随者。"

---

① 本部分由吴婕秋撰写。

行业代表人物

图 2　海印集团董事长邵建明（右）向第一商业网总裁黄华军（左）赠送纪念品

图 3　海印集团董事长邵建明（右）与第一商业网总裁黄华军（左）合影

图4　海印又一城

（一）"点石成金"的圣手

1990年，25岁的邵建明以5000元起家，从传统批发市场起步，创建了广州海印实业集团公司（简称海印集团）。凭借其独到的投资眼光和另类的逆向思维，海印布料市场、流行前线、东川名店运动城以及海印缤纷广场……一个个曾经暗淡无光的"顽石"在邵建明的"魔棒"下重新焕发出金子般的光彩。

"每收购一个新项目，我们都会问自己几个问题，即市场在哪里，产品在哪里，我们在哪里。我们既要注重物业的历史沉淀，也要注重其商业价值，然后努力在两者之间找到最佳的市场切入点。"邵建明的话语不多，讲的却是实实在在的生意经，"有麝自然香。我们很少做广告，靠的就是良好的口碑，你能让商户赚到钱，自然就会有人跟随你。"

在成功铸造了一系列商业地产项目后，邵建明开始现身资本市场。2004年，海印集团成功收购A股挂牌企业茂化永业，从而实现借壳上市。邵建明认为这一举措将为海印集团带来两方面的收获：一是公司治理结构会变得比较规范；二是拓宽了融资渠道。

发展多年,海印旗下运营的商业业态已经多样化,既有电器城、布艺城等专业市场,也有流行前线、潮楼等小型主题商城,还有2012年开业的海印又一城(奥特莱斯购物中心)(见图4)等,从而奠定了海印"做一个旺一个"的优质品牌形象。

面对全新的市场环境,海印继续完善商业布局和商业业态,积极整合新增的金融和文娱业务板块,"海印生态圈"持续升级。尤其在2016年上半年,在商业板块方面,海印收购东缙职业80%股权,打造专业市场智能仓储物流配送中心;投资"中华美食城"项目,与"番禺海印又一城"在零售、旅游、美食等方面实现优势互补。

"营商奇才"、"鬼才"、"怪杰"、"广州最成功的二房东"——当外界毫不吝啬地把这些桂冠送给邵建明时,他却把这些看得很淡然。"目前在国内,整个商业环境和商业手法都很浮躁。我只是坚守自己的本业和本分,尽自己的努力把事情做好,成功就是瓜熟蒂落、水到渠成的事情。"

多年在商场的摸爬滚打,邵建明总结出一套独有的"海印兵法","商业要成功,一定要解决三个问题:第一,消费者为什么要来这里,以及为什么要买。第二,要让消费者在消费的过程中,认为你的东西物有所值,甚至物超所值。第三,要让消费者心甘情愿地舍近求远,即使坐飞机也要来,这样你的要价能力就很强。"

"为什么大家现在赚不了钱?因为复制简单,不用动脑筋,而创新则痛苦漫长得多。复制一个电器城只是表面上的成功,因为你已经成功过了,但往往最大的危险就是简单地复制。海印之所以成功,就在于我们能够不断地去迎合、创造消费模式并引导消费模式。"邵建明朴实的话语里透露出对市场非同寻常的洞察力。

(二)通过学习保持竞争力

邵建明从不掩饰自己在商业方面的天赋。"我是天生的生意人,从小对数字很敏感,心算特别好。比如谈判的时候,别人还在台面上敲着计算机,我在心里已经算得七七八八了,决策也往往先人一步。"

不过,邵建明并没有因此就停止了汲取新知识和自我提升的脚步。每天早晨7点到9点，是邵建明雷打不动的学习时间。除了翻阅平时喜欢的杂志和书籍外，他还会把电视机和电脑一并打开。当然，他还会"潜伏"在微博上，追踪时下社会热点。

为了不落后于人，即使工作十分忙碌，邵建明依然延续了一贯的勤奋和专注，先后攻读了中山大学企业管理研究生、清华大学房地产高级职业经理训练班，并获得了香港浸会大学工商管理硕士学位。

"十几年前，行业的划分十分明显，很少跨界，你做你的，我做我的，'井水不犯河水'。但到现在，都变成'你中有我，我中有你'，跨行业经营，产业融合，要么往上走，要么往下走。一跨界就凸显出了你知识面的狭窄，要保持你的竞争力，不学习怎么行？"邵建明表示。

值得一提的是，邵建明不仅仅着眼于自身增值，还会敦促周围的人共同进步。"我们经常为一些商户进行免费培训，定期带他们外出考察，促使经营者提高竞争力。比如，我曾经带缤缤广场的60多位档主去香港考察朗豪坊、ampm等商业设施，第二天香港贸易发展局组织的国际服装节开幕，我又带他们以买手的身份去参加订购。我们这么做不但赢得了商家的尊重，无形中也增强了商家的凝聚力，这也是我们所需要的。"

而在公司内部，邵建明也有意营造学习和沟通的氛围。"我们鼓励员工'大胆设想，小心求证'，我的办公室大门每天都是敞开的，他们有什么不懂的都可以来问我，有我在背后支持他们，肯定没问题的。"

正是因为有了这样良性互动的企业环境，海印集团的员工忠诚度极高，公司许多中高级管理人员都是从实习开始在海印集团工作至今。

（三）"三轮驱动"创新发展

面对当前经济下行和市场行业格局重组裂变的压力，如何在新常态下实现新发展？海印集团和很多民企一样，面临前所未有的挑战。为此，善于谋变的海印人经过多方酝酿，2015年推出了"三轮驱动"的新发展战略。

何谓"三轮驱动"？邵建明解释说："就是公司在经营版图中将商业、文化和科技三要素紧密结合。海印作为一个战略平台，未来将形成以商业为本、文化和科技两翼为辅的三轮驱动的创新发展模式，形成新的核心竞争力，把

行业代表人物

海印集团打造成'致力于家庭生活休闲娱乐的中心运营商'。"

具体到运作方面,实现商业与文化的融合主要是打造奥特莱斯百货、美食街、海印体育会、海印国际电影城、海印儿童天地、海印演艺城六大自营产品,让海印旗下的商业物业增强文娱聚客效果,开创"商业文娱"新模式。

同时,精心打造"海印生活圈",争取将"海印生活圈"打造成"广州人的生活圈",并随着文化项目的并购扩张,不断走向全国。

科技方面,主要是依托互联网大数据,加快发展互联网金融,打造帮助商户(小、微企业)赚钱的商业平台,充分利用商户数据、产品数据、交易数据的核心要素为各个品牌提供更好的销售渠道,做好品牌和消费者之间的买卖平台,增强品牌和消费者对商场的"黏性",通过数据化技术对公司内部管理和对外营销进行全新的变革。

此外,邵建明还领导公司积极顺应消费发展趋势,探索新的商业模式,占地3800亩的广州国际展贸城为新能源、云数据、现代物流、智能仓储等高新技术产业的培育提供了优质的土壤。

"我在商界奋斗多年,该有的也都有了,即使我现在不做了,也衣食无忧。"邵建明不止一次地说,"但人要向前看,不能总躺在以前的成绩上睡大觉。我的血液里充满了冒险因子,对于我个人而言,挣钱的欲望远没有把一个项目做成功的欲望高,那种看着自己的梦想逐渐成真的成就感和满足感,就是对我最好的褒奖"。

九、林治平：商业地产骄子[①]

图1 中盈集团董事长林治平

图2 中盈集团董事长林治平（右）与第一商业网总裁黄华军（左）合影

从摆地摊、卖挤压机，到投身"三旧"改造做商业地产，再到创立中盈集团、开办以自己名字命名的慈善机构——林治平慈善基金会、打造占地3000多平方米的梵华文化博物院……身为"70后"的林治平（见图1~图3）堪称南海商业地产界的一代骄子。同时，他以仁爱之心、文化之魂致力于社会公益慈善事业和国粹文化产业的发展，更以一颗赤子之心赢得了社会各界的尊敬。

---

① 本部分由吴婕秋撰写。

行业代表人物

图 3　中盈集团董事长林治平（右）向第一商业网总裁黄华军（左）赠送纪念品

（一）起步：广交朋友结善缘

南海大沥位于南海区中部，地处广州和佛山两地之间，东距广州 9 公里，南接佛山禅城区，素有"广佛走廊"之称。该镇地理位置得天独厚，是南海八大镇之一，现已形成有色金属加工、摩托车制造、内衣制造、房地产、商贸物流等成熟主导产业。

1985 年，正是改革开放春风吹拂南粤大地之时，身为长子的林治平为了减轻家庭负担，毅然辍学，怀揣父亲典卖家当的 1200 元做本钱，开始在大沥街头摆地摊，仅仅 6 个月就赚到了 3 万元，商业之才初现本色。

然而，林治平并不满足于这点甜头，抱着学习的愿望，他进入本地一家钢材贸易部，没有薪水，还争揽最苦最累的活。后来，他还做过学徒，跑过码头，游历全国，只为不断积累自己的见识和经验。

"我的父亲经常和我说，学会做人，才能有更多的朋友，有朋友任何事就

-121-

都能成功，我一直把这句话记在心里。"一次受同学委托，他要接待一位来自无锡的唐先生。他与唐先生两人素不相识，也无任何利益关系，仅出于待客之道，他带着这个陌生的客人游历了众多广佛名胜。临走前，唐先生给了他一张名片。万万没想到，这位陌生的唐先生成为帮助他的事业实现飞跃的"贵人"。

20世纪90年代初，大沥的铝型材厂兴起，林治平决定代理铝型材挤压机。正在发愁机器来源之时，他想起了那张搁置已久的名片——无锡的唐先生，而巧合的是，唐先生正是做这一行的。昔日的热情款待，让林治平获得了意想不到的回报，由此，他成功赚到了人生中真正意义的"第一桶金"——1500万元。

"艰难困苦，玉汝于成"。林治平的创业之路启于磨难，他却谈笑自若，砥砺前行，因为他知道，"自古雄才多磨难"，征途百炼终会迎来回报的一天。事实证明，确实如此！

（二）商业：契合城市发展战略

2000年，随着大沥总部经济建设和城市化发展的提速，大沥各项城市升级、产业升级、"三旧"改造的项目已全面铺开，大沥要从工业重镇转变为以服务型产业为主的商贸重镇，这让林治平敏锐地意识到南海商业地产和服务业前景广阔。

2003年，林治平成立广东信盈投资有限公司，开始由实业向商业的转型，并承接了大沥政府的"三旧"改造项目，把规模近10万平方米的南海新都会打造成为大沥地标性商业中心，从而揭开大沥商业地产崭新的一页。

2008年，中盈集团应时而生，五年间，商业地产如雨后春笋般在大沥和南海发展起来，而中盈集团已经抢占了先机。中盈集团集商业展贸、金融保险、文化产业、网络科技、公益慈善于一体，为加快"三旧"改造建设的步伐，坚持稳中求进，目前已在佛山成功开发了多个大型综合体项目，如集合了多种功能的大型综合购物中心——"南海·新都会"（见图4）、"广佛黄金长廊"点睛之作——中盈广场及全省首家洲际智选假日酒店等。

图 4　南海·新都会

2013年，中盈地产又成功收购了万诚保险。同年，在广东省民政厅及佛山市工商业联合会的大力支持与鼓励下，林治平偕同省内众企业家朋友共同发起成立了广东金融城商会。林治平被推选为第一任会长，肩负起了民企联盟队长的重任。目前，商会在林治平的带领下，整合大佛山地区经济资源，以商养商，以会促商，实现区域民营企业的共同发展。

"披荆斩棘以焕荣光，乘风破浪力创辉煌！"这正是林治平人生中不懈奋斗精神的写照。回首过去的十多年，中盈集团保持着健康、良好、稳步、持续的发展势头，秉承"以心筑城"的企业理念，坚持"永续经营"的经营原则，成为佛山最具创造价值、最受尊敬的地产集团。

（三）文化：秉持文化之魂

中国传统文化的魅力，让林治平痴迷，每每想到一些中国优秀的传统文化艺术在国外发扬光大却在国内被漠视，他就格外心痛。1997年10月，26岁的林治平在香港集古斋画展上遇见了96岁的晏济元，两人一见如故，对书画艺术的执着和痴迷,更使两人很快产生了共鸣,几次交谈便化为知心好友。

"书画艺术是国之精华,要很好传承下去。"晏老说道。林治平深为这位书画大师的一片赤诚之心和博大的胸怀所感染,创办文化产业的念头此时在林治平心中如星星之火般燃燃点起。

2008年,南海·新都会购物中心兴建完毕,而于购物中心规划6000平方米创建一个高端艺术馆的构想早已酝酿成熟。要在寸土寸金的商业旺地建设公益性艺术馆——中国信盈艺术馆,商业团队中的很多成员表示无法理解,但林治平力排众议,痛下决心,因为他明白,"商业有价,文化无价"!

于2016年7月正式开幕成立的梵华文化博物院,又是林治平在文化产业上的一大巨献。该院地处繁华商圈,东邻广州,西接禅城,总建筑面积达3000多平方米,是中盈集团传承文化、弘扬国粹的商业地产向文化地产转型之作。作为华南地区现代大型文化艺术类博物院,旨在全力打造独具佛教特色的高端艺术展览交流场地,弘扬国粹、传播佛学、分享艺术,精心构筑珠三角乃至全国面向世界的艺术藏品交流平台。

无论是信盈艺术馆,还是梵华文化博物院,都是林治平发自内心对中国艺术视如珍宝的肺腑之作。他说:"要站在民族的立场上,将中国书画艺术发扬光大。"

(四)慈善:每一次都是起点

林治平总是很忙碌,因为他不仅是中盈地产有限公司董事长、广东省林治平慈善基金会创始人、广东金融城商会创始会长,还被推选为佛山市政协委员、佛山市南海区大沥总商会会长,被礼聘担任中国香港(地区)商会广东名誉会长、广东省光彩事业促进会常委、广东省慈善总会荣誉会长、广东省工商联(总商会)执行委员等社会职务。

路虽远,不行不至;事虽难,不为不成。创业30载,历经千辛万苦,尝遍世间百味,但林治平始终铭记致富思源,凭借这样的精神,他对祖国、对社会、对家乡怀有不渝的热爱与感激。

2005年，在自己的企业走上稳健发展的轨道后，林治平开始积极参与扶贫济困。2013年，他正式创建了佛山市首家以个人名义创建的慈善机构——广东省林治平慈善基金会，以仁善之心积极投身慈善公益事业，围绕全国的爱老敬老、关爱儿童、扶贫济困、扶贫助学等领域开展慈善公益活动，彰显企业家的奉献精神。截至目前，该基金会不仅在大沥敬老院、大沥医院、雅安市石棉县蟹螺乡中心小学捐赠专项善款修建了"援建大楼"，而且在佛山当地资助贫困学生超过3000人次，累计对外捐款数千万元。

"人生就是一次修行，真正的成功远远不止一面，除了事业，用公益慈善升华人生是我毕生的梦想。"这是林治平的人生哲学，更是他真实的生活写照。时至今日，林治平依旧在不遗余力地凝聚社会各界的慈善资源，积极参与各类公益慈善事业，回报社会。正如林治平慈善基金会的座右铭："慈善，永无终点，每次都是起点。"

十、欧小卫：华南购物中心教父[1]

图1 广州惠润投资策划有限公司董事长欧小卫

20世纪90年代初，中国造MALL没有教科书，所有"造MALL人"都是战战兢兢，如履薄冰，"摸着石头过河"。这样的好处就是不必像"老商业"那样背负传统包袱，也不会像"学院派"那样被理论和现实之间的反差所困扰，他们既善于学习，又懂得灵活应变，成为创造性的开拓者。

欧小卫（见图1~图3）正是这样的典型。

图2 广州惠润投资策划有限公司董事长欧小卫（右）和第一商业网总裁黄华军（左）在采访现场

图3 广州惠润投资策划有限公司董事长欧小卫（右）和第一商业网总裁黄华军（左）合影

---

[1] 本部分由吴婕秋撰写。

行业代表人物

（一）天河城：从一张白纸做起

被广东商界誉为购物中心"教父"级人物的欧小卫，其职业生涯充满传奇色彩。

他出身于一个小学教师家庭，16岁下乡，17岁当工人，18岁做车间副主任，但他并没有进一步向更高的工厂管理"宝座"进发，而是毫无留恋地转身离开机器轰鸣的车间生活。

20岁那年，欧小卫考上中山大学中文系，毕业后留在中山大学任教，30岁出头就当上了校团委书记，副处级干部，被当作校领导的接班人来培养。

1992年，欧小卫告别中山大学，进入天贸集团（即现在的天河城集团），参与天河城的筹建及经营管理，任天贸广告公司总经理，是天贸集团成立伊始下属公司和部门被聘任的第一批总经理成员。

初到天贸广告公司，欧小卫硬是靠着一张书桌、一部电话、一辆车、一名员工，为天河城拟出那句著名的广告词："将北京路搬进天河城"。这句广告语包含对购物中心本质的准确把握，至今仍被业内奉为经典。

两年后，正当天贸广告业务蒸蒸日上时，欧小卫又转而挑起天河城的租务重担。"不求高档，先把场填满，把人气做起来！"为了尽快旺场，欧小卫提出"有租无类"的口号，把一大堆杂牌的鞋类、皮具招进来，占满天河城二至七楼的所有通道做"特价场"，搞起"全场30元起"的大甩卖，"特价场"让天河城每月新增租金100万元，冷清的五、六、七楼也变得熙熙攘攘，从而带动了高楼层的招租。

天河城的招租经历，奠定了欧小卫在商业地产界的"江湖地位"。1994年，欧小卫被擢升为集团副总裁，成为首批被任命的集团三位副总裁之一。

（二）中华广场：一跳惊商界

2000年，42岁的欧小卫离开如日中天的天河城，来到中华广场"救火"，被当时的媒体形容为"一跳惊商界"。

经营情况不尽如人意，租铺换手率较高，租户们"炒铺"、吵架、退租乃至酿成风波的现象,一直困扰着开业仅半年的中华广场。有人甚至担心这座逾17万平方米的"庞然大物"有可能成为广州商界的又一"烂尾"商场。

首先,修正广场整体规划,是新统帅走出的第一步棋。欧小卫表示:"我们调整租户组合和租金水平,使租户有足够赚钱空间的同时,也希望租户能拿出真心实意经营的劲头来。"

其次,充实广场的功能配置,尽快上一些能让顾客流连忘返的娱乐项目。欧小卫表示:"之前光顾中华广场的客人平均只逗留约半小时,没有可供他们娱乐的设施,10多万平方米的大场只做街坊生意,吸引不了跨区跨市消费的客流。"

最后,整合广场租务系统,调整租务策略。欧小卫上任后,不再推行原有的租务员佣金制度,彻底消除对广场招租的致命伤害,取而代之的是根据规划招租、按客户实力招租和对租户长时间的跟进管理。

2002年底,中华广场逐渐扭转困局,2003年初,出租率达到八成以上,经营走上正轨,成为继天河城之后打造成功的第二家购物中心,同时也是国内第一家成功的产权分散式购物中心。

（三）惠润投资：喜欢自己做老板的感觉

2005年,欧小卫再次做出一个惊人的决定,宣布离开整整待了5年的中华广场,自称"服役期满,光荣退役";2005年11月,在众人的猜测声中,欧小卫最终出任广州惠润投资策划有限公司(简称惠润投资)董事长至今。

欧小卫表示:"我擅长危机处理,注重实际操作,在项目面临很多困难、问题和矛盾的时候,我就派上了用场。当项目运行上了轨道,我就可以交给别人操作。就像当时中华广场一样,经营走上正轨,我就离开了。"

欧小卫透露了一个小秘密:"当时离开了中华广场后,就下决心以后不再做单一的购物中心项目职业经理人,而是要去培养一批购物中心的职业经理人,这就是我创办惠润投资的初衷。"图4显示的是惠润投资的团体照。

欧小卫感叹,他人生中的几次大转折都出现在本命年:24岁大学毕业,36岁出任天贸集团副总裁,而在48岁的时候则"下海"创立自己的公司。

图4　广州惠润投资策划有限公司团体照

现在的欧小卫,不但从事着其最擅长的"商场医生",而且还将纵横商业地产开发领域,公司涵盖商业地产从上游开发到下游经营的"一条龙"产业,负责商业地产项目策划、开发建设及部分住宅项目的开发和商业地产项目的经营管理,施展身手的舞台比以前大了许多。

与此同时,公司还招募了一批国内大型购物中心经营运作的猛将,原天河城旧臣、中华广场副总裁陈平,原中华广场副总经理岑凯,原吉之岛创始元老之一韩涛等人也纷纷加盟。

欧小卫幽默地表示:"在别人眼里,我是一位民营企业家,但我总调侃自己是'蚊型'企业家(注:粤语的'民营'和'蚊型'谐音)。据说中国的民营企业平均生命周期为3~6年,而惠润投资已经走过10个年头,而且活得还不错,我已经很感恩。"

"商业地产运营不是什么高科技,靠的是'信心、耐心、精心',要敬业,要热爱自己负责的项目。"欧小卫非常愿意和别人分享自己多年的从业心得。"虽然说以前做购物中心的领导高高在上的感觉很好,但我更喜欢现在自己做老板、一手一脚打江山、将企业命运牢牢操控在自己手中的真实感和成就感。"

十一、罗晓军：全国连锁之路的"匠心"推手[①]

图1　九毛九董事、总经理罗晓军

图2　九毛九董事、总经理罗晓军（右）与第一商业网总裁黄华军（左）合影

喜欢研磨咖啡，喜欢手工面作，在九毛九董事、总经理罗晓军（见图1、图2）看来，"手工出劲道"不仅是企业文化，所谓慢工出细活，企业发展需要的是不急不躁的工匠精神。

九毛九自1995年开始起家，总部在广东，从海口第一家57平方米的山西面馆（见图3）发展到目前拥有140家分店的全国连锁餐饮企业，经历着华南商业地产最黄金的时代。套用罗晓军的话，"九毛九的成长得到了天时、地利、人和的优势"。从职业经理人华丽转身成为企业股东，罗晓军表示："无论是企业还是个人发展，都离不开变化与选择。"

---

① 本部分由黎烙华撰写。

行业代表人物

图3　1995年1月九毛九海口南航路店开业

（一）九毛九感知到的20年来商业行业的变化

整个餐饮行业一直在变。过去20多年来，西式快餐在国内保持领先的地位，近年来，中式快餐迅速崛起，蚕食了原来的巨头市场。而导致市场分割的最大原因，是顾客选择的变化。顾客从以往的吃饱到如今的吃好，在消费观念上，现在更追求独特性和价值感。对于市场或是企业，都是在不断变化中"选择"成长。

从上街坊的酒楼，缩身变成500平方米进入商场的店面，九毛九当年是选择了商业地产蓬勃发展的时机迅速切入了SHOPPING MALL市场，从十几家店扩张到140家店，成为全国规模最大的大众餐饮品牌之一，正是在此商业背景下，九毛九通过企业自身变革和优化在变化中把握住了机会。

近两年，随着成本的增加，九毛九还在不断做优化和调整，从店铺面积、门店菜品、人工和成本上做尝试,以适应时刻在改变的市场需求。

(二)九毛九借力 SHOPPING MALL 模式拓展

九毛九 1995 年起步,店面从 57 平方米、120 平方米、200~300 平方米,慢慢扩展到上千平方米。到 2011 年,九毛九经过近七年时间,也只是在广州和海口两地开出 15 家分店。

2010 年,九毛九在广州开了两家店(白云万达广场店、嘉裕太阳城店),试水商场店反映良好后全面切入 SHOPPING MALL 市场。九毛九真正的发展阶段,是从 2011 年开始的,用了 4 年时间迈出全国拓展的步伐。

截至 2016 年 4 月 30 日,九毛九在全国有 140 家店,发展主力在广东,其中商场店占 90%(见表 1)。购物中心交通方便、停车方便、配套齐全,满足消费者多种消费功能的同时,也为九毛九带来了可观的人流和消费力。目前企业年营业额约 10 亿元,广州第一店——跑马场店(见图 4)、西城都荟店、白云万达广场店、高德汇花花世界店的销售额位列全国最佳。

表 1　九毛九门店全国拓展情况　　　　　　　　　　单位:家

区域	总门店数	九毛九门店数	"太二"门店数	供应中心
广州	47	42	4	1
佛山	15	14	—	1
中山	3	3	—	—
深圳	19	18	—	1
惠州	4	4	—	—
东莞	4	4	—	—
江门	2	2	—	—
珠海	4	4	—	—
河源	1	1	—	—
海口	10	9	1	—
三亚	3	3	—	—
北京	4	4	—	—

续表

区域	总门店数	九毛九门店数	"太二"门店数	供应中心
天津	7	7	—	—
武汉	7	6	—	1
南京	2	2	—	—
太仓	1	1	—	—
常州	1	1	—	—

注：统计截止时间为2016年4月30日。

图4　2002年2月九毛九跑马场店开业

（三）九毛九成功的秘诀

"九毛九"这个名字源自山西方言，代表山西风味，也有帮朋友为顾客省一分钱的意思。2014~2015年基本没有调价，目前客单价仍保持在50元左右，性价比高固然是九毛九早期的优势之一。后来通过调研发现，更多消费者选择九毛九是出于健康的考虑。

目前的家庭式就餐,以小孩和老人的饮食为首要考量。九毛九主打面食、凉菜,从早期开始就只做原汁原味产品,不加味精等添加剂,非常适合小孩和老人。也许口味不比其他品牌味鲜,但不会出现吃后口干等情况。食客尝试过后自有对比,长期下来就形成了大众对九毛九品牌的认知。

从区域的15家店发展到全国140家店,人员、设备、产品的需求在激增。为了稳固九毛九品牌的发展,全部店铺采取直营方式,对于内部人员的培训非常严格与规范,在菜品和服务上,顾客的体验感还是比较理想的。通过网络平台评选反馈,消费者对九毛九产品的口碑还有提升空间。

(四)九毛九用"太二"升级品牌模式

从海口的九毛九1.0版本升级到2015年广州花城汇南店3.0版(见图5),全新VI系统门店风格、运营模式升级、重点打造"招聘面+硬菜"拳头产品组合等是九毛九20周年对整个品牌升级的具体表现。

图5 九毛九广州花城汇南店3.0版门店

九毛九旗下品牌"太二酸菜鱼"也是九毛九创新的手笔之一。九毛九是做大众菜式的,口味适合男女老少。太二酸菜鱼则是做单品的,从店铺设计、菜品设定到人员培训、经营手法等,走的是年轻、时尚路线。

"太二酸菜鱼"第一家店没有独立的门店招牌,仅仅在九毛九店门外写了

"太二"两个字。通过建立品牌微信群等互联网营销方式,以及"不能拼桌"、"不收现金"等另类新鲜的经营方式迅速"吸粉"。目前,"太二酸菜鱼"已开出多家分店,这也体现了九毛九营销的成功转型。

(五)企业与个人将在变化中成长

"在广州麦当劳负责了17年运营经历中,管理过广东160多家店铺,这是一个学习的过程。直到猎头找上门带来了我人生适时需要的变化。"罗晓军表示,那时候还不认识九毛九,为了了解这个品牌,曾做食客尝试了九毛九的几家分店。在发现九毛九主营的是介于快餐与正餐中间的面食以后,罗晓军认为对于未来消费和饮食习惯升级来说,这种品类是有前景的。"从白云万达店的火旺来看,这种商场店模式也许是一个发展的突破点。对于我个人来说,在变化中选择了突破。2011年,我进入了九毛九。"

九毛九的成功,是天时、地利、人和。2011年,恰是购物中心崛起之时,九毛九顺势成为第一批搭载购物中心的餐饮商家,利用集中的人流和消费量,短短几年就成为全国规模最大的连锁餐饮企业之一,罗晓军也从职业经理人变成企业股东。

罗晓军表示:"无论是企业还是个人,都要在前进中学会思考与摸索。随着同类品牌的增加和购物中心的继续增多,市场竞争将继续加剧。过往成功的模式仅在过去,接下来,九毛九将放缓拓展的脚步,不急不躁地摸索新的方向,优化和尝试新模式。同时,重点对产品、顾客体验和团队进行全面的提升。不变的是变化,企业现在做的思考与选择,就是决定未来的方向。"

十二、赵军：广东电影产业的创新先行者[①]

图1 上海唐德影院管理有限公司总经理赵军

图2 上海唐德影院管理有限公司总经理赵军（右）与第一商业网总裁黄华军（左）合影

中国电影产业走过风起云涌的60多个春秋，广东从三流之地到电影重镇，在近20年发生了翻天覆地的变化。在这一历史进程中，商业地产扮演了重要的角色，大力推动了广东电影产业的发展。从业了38年的资深电影人——赵军（见图1、图2），与众多电影人一同见证了电影产业的风雨跌宕，并用他的执着与锐意，给广东电影市场带来多项革新。

与电影的缘分，赵军掩饰不住笑意地表示那是"命中注定"的事。妈妈是广州市人民政府第一代电影队放映员，公私合营后

---

① 本部分由黎烙华撰写。

先后任职永汉、金星电影院经理,赵军可以说是"在放映机的陪伴下成长"的,1978年"上山下乡"回城后在广东省电影公司开始了长达38年的电影从业工作。

(一)20世纪90年代:在电影院孤立地创新

"90年代初期,盗版影碟猖獗、香港电视剧冲击,中国内地电影市场开始走入低谷,但我认为只要中国保持改革开放政策不变,只要有好莱坞的美国大片植入,电影市场还是有希望的。"当时赵军对电影,尤其是对国产片抱有一份执着的热爱,于是从软件到硬件,开始策划了一系列的"救市"行动。

以前的电影院荧幕都是在舞台后面,影院是从第8、第9排开始售票,观众看到的都是小荧幕。为了改变原来的观影视觉,赵军联合广州市一宫电影院经理、广东电影机械厂高级工程师、广东省电影公司高层提出了超大荧幕的创意。1999年广州第一块超大荧幕在广州市一宫电影院(见图3)推出,观影效果可谓立竿见影,

图3 广州市一宫电影院

榕泉厅的观影量一下子就直线上升。

除了荧幕的创新,赵军在硬件方面还提出了对电影院内部进行一定的翻新。与此同时,针对当时不被市场看好的优秀国产片,策划了多种营销方法,例如开设了"中学生电影节"、"春季艺术电影节"等,使电影市场开始慢慢升温。然而,这一系列的动作在赵军看来只是在电影院进行孤立的创新,当时的电影行业还是欠缺了"一把火"。

（二）新世纪的曙光：电影院血战天河路

图4　天河电影城

赵军说："真正让广东电影产业发热发亮的是商业地产。"1999年，赵军瞄准机遇，果敢地组建团队协力天娱广场的天河电影城开业，帮助其走向市场。天娱广场开创了将电影院带入购物中心的先例，天河电影城也成为第一家进入购物中心的电影院（见图4）。

"购物中心为电影行业的重生带来了曙光。天河电影城的开业，标志着广东电影产业与商业地产的正式结合，这种顺应广州市场消费潮流的尝试火速受到市场认可，票房甚至一跃成为全国前三名。"赵军如此表示。天河电影城的商业模式振奋了广州电影行业，造就了后来天河城、正佳广场、中华广场等影线的发展，也掀起了购物中心之间对电影品牌资源的"争夺战"。

"当年广州西维公司捷足先登，在天河城建成飞扬影城，且刚开业就克服了'非典'时期的市场低谷，成为全国瞩目的高票房影城；随后刚落成的正佳广场，更成为'兵家必争之地'，数家中外电影院品牌同时争夺其电影院进驻权。从天河娱乐广场到天河城、正佳广场，一条天河路就杀出了3家电影院，'血战天河路'也由此而来。"赵军如此回忆道。

赵军认为，商业地产上影城项目的争夺曾经让双方陷入"白刃战"般的血拼状态，就是因为当年愿意做一家影城的商场实在太少，"狼"多"肉"少。直到21世纪的第一个十年过去，中国电影市场上关于商圈的项目竞争才逐渐缓和下来。

(三)电影产业的黄金时代:数字电影实现同步放映

电影院的逐步增多并没有撼动电影票的高价现象,"与现在不同,过去电影院的投资方一般为甲方或是电影公司,租金条件容易商洽,但由于当时电影院的屏幕数有限,票价始终较高,将不少消费者拒之门外。改变这种现状的是数字电影的到来。"

2005年,美国掀起数字电影热潮,赵军抢先拿到美国最新的数字电影标准,独具前瞻性地引入数字电影,与大地院线(见图5)合力推行数字电影在中心城市和二三线城市的发展。"为什么力撑数字电影?数字电影标准带来了革新。划时代的创举推翻了拷贝电影。"

图5 大地数字影院

传统电影院拷贝模式,需要拷贝机放映设备,需要走片员,放映成本高昂导致票价高居不下;数字电影不再需要拷贝机,改变了传统"走片"模式,大大降低了电影院的放映与人力成本,也实现了电影多地区同步放映。

当年大地院线以农村包围城市作为策略,实现了二三线城市票价全部不超过15元的标准。赵军认为,数字电影的普及不仅降低了市场票价,也推动了电影行业步入黄金时代。"传统电影院由甲方投资,数字电影则由品牌方自行投资,采用租金加票房分成的模式,甲方引入电影院几乎没有太大的压力,也助力了电影院业态在购物中心的发展。"

现今,这位资深电影人摇身一变成为上海唐德影院的"掌舵人",对于新晋影院的发展,赵军认为未来电影院将有一轮"洗牌"的过程。新商业地产不仅有传统消费,更有新的体验功能。赵军表示:在社交需求至上的时代,新电影院也必须跟得上新商业地产的创新步伐。新晋影院除了有传统电影院的本性之外,更应有创新的技术性和时下的互动体验。

十三、钟义：从职业经理人到老板的"逆袭"①

图1 佛山嘉洲广场董事长兼总经理钟义

"机会只偏爱有准备的头脑，只垂青那些懂得追求它的人，只喜欢有理想的实干家。"嘉洲广场董事长钟义（见图1~图3）正是这样一位为追求理想，敢于探索、百折不挠的勇者，他用智慧和汗水实现着自己的商业地产梦。

通过十几年的打拼，钟义从一名财务出身的职业经理人成长为嘉洲集团的"掌舵人"，堪称华南商业地产行业首例成功"逆袭"的典范，亦引来外界对其无数的猜测与好奇。

图2 佛山嘉洲广场董事长兼总经理钟义（右）与第一商业网总裁黄华军（左）在采访现场

图3 佛山嘉洲广场董事长兼总经理钟义（右）与第一商业网总裁黄华军（左）合影

---

① 本部分由吴婕秋撰写。

行业代表人物

（一）财务出身做管理更有优势

1997年，工业会计专业毕业的钟义找到人生中的第一份工作，到佛山市公记隆丝织厂做一名基层的财务人员。

"当时毕竟年轻，工作经常加班加点，也不觉得累，心里只有一个想法，就是把工作做好。"钟义回忆道。因为企业大，而且有进出口业务，属下还有很多不同业务板块的分公司，钟义需要经常和政府、财税、银行部门打交道，他不仅很快熟悉了业务，更锻炼出很强的沟通和交际能力。

由于天生对数字敏感，再加上踏实肯干，仅仅用了三年时间，钟义就成为了佛山市纺织系统最年轻的财务科长，可谓羡煞旁人。

由于不甘于平淡、安逸的职场节奏，钟义先后跳槽到南海广场、东方广场，积累了购物中心前期定位、市场调研、商业规划、招商、装修以及经营管理方面的丰富经验，培养了超强的市场洞察能力、经营综合管理能力和决策能力，为嘉洲广场日后的发展奠定了坚实的领导基础。

钟义认为，财务出身的人改行从事经营管理工作具有明显的优势："工作都是互通的，因为我天天和数字打交道，直接感受报表所体现的公司经营状况和财务状况的变化。俗话说'不当家，不知道柴米贵'，这样更能促使我从成本以及收益的理性角度去管理各种业务。"

（二）打造广佛核心区首个购物中心

2004年，怀揣创业梦想的钟义与几位志同道合的朋友一起投资，开始筹备打造广佛核心区首个购物中心"嘉洲广场"。"当时还有一个很有意思的插曲，公司大股东建议做酒店，但我们几个小股东坚持要做购物中心，而且规模一定不能小，以免在5年内被周边的商业体超越。在我们的坚持下，大股东最后采纳了我们的建议。"钟义如此回忆道。

2006年元旦，一幢12万平方米的纯商业建筑在远离传统商业核心地段的广佛交界处黄岐平地而起，汇集大型超市、百货公司、连锁家电、饮食娱乐、室内步行街等多种业态组合，是一座集购物、饮食、娱乐、休闲、文化于一体

图4 嘉洲广场

的大型现代化 MALL，成为广佛地域标志性商业建筑（见图4）。

钟义表示："事实证明，当初坚持在两城交界处建大 MALL 的想法是正确的。广佛商圈是目前中国最具消费力的商圈之一，区域聚集了数百万的中高档消费人群，但其核心区域中真正的高端商业物业却并不多见，嘉洲广场的开业，正好填补了这一空白。"

一个成功的商业平台，可以改变周边人们的消费观念，嘉洲广场正印证了这一点。在钟义等人的努力经营下，嘉洲广场已成为广佛经济圈核心地带的商业新地标，不但为市民休闲娱乐带来了方便，也有力地推动"广佛经济圈中心轴线"区域的城市化进程，当时"东有天河，西有嘉洲"在业界被广泛传为美谈。

2014年正值嘉洲广场已售商铺十年返租期满之际，嘉洲广场前景不明朗，几个股东陆续萌生退意。钟义独具慧眼，坚持看好购物中心的发展前景，当机立断出手，成为嘉洲广场第一大股东。正是因为外部机遇和自身实力的完美结合，最终助力钟义攀上事业的高峰。

（三）升级改造再度腾飞

不过，越是春风得意的时刻，钟义的忧患意识越强，他常常把企业放在峭壁边缘的境地来思考出路，主动出击，让商场在激烈的市场竞争中立于不败之地。

2016年是嘉洲广场再度腾飞的一年。面对广佛商圈大型购物中心密集兴建、网购来势汹汹的全新市场形势，嘉洲广场对众多小业主动之以情、晓之以理，最终促使1360多名小业主同意续签10年租赁合约。

行业代表人物

紧接着,嘉洲广场投入逾3000万元巨资,从2016年4月开始,在4个月内对一、二、三、四楼共3.5万平方米的经营场地进行颠覆性的改造升级,及时撤掉了"休闲水汇",扩大电影城和"食通天",加入了主题景观,使嘉洲广场向年轻化、时尚化、精品化方面演进,焕发出新的魅力。

在嘉洲百货,全新装修的一二楼运动街、休闲街、男装街、女装街、内衣区、床品区和童装区,时尚名品荟萃,环境简约别致,让顾客倍感休闲舒适。三楼苏宁电器、199全球购、英伦街、潮流站、数码港,让顾客仿佛进入了地铁和巴士的二次元空间。

美食也是嘉洲广场的一大亮点。项目负一层有"大家乐"餐厅;一层有肯德基、麦当劳、必胜客、蒙自源等品牌餐饮店及THANK U MOM炸鸡、妙香居韩国料理;三层有满福城、鱼悦楼等品牌餐饮店以及山顶沙河粉、万岁寿司。四楼由客语、九毛九、阪尚皇、江湖情、炭鑫、至尊牛扒、滇味、探蟹、绿茵阁、友壹町、八合里海记、澳门街、味行动、海峡情缘、老北京火锅、蛙小侠等十多个特色餐饮组成的"嘉洲食通天",更是红遍全城,备受食客追捧。

此外,嘉洲影城、银座KTV、东方书城、欢逗8游艺城、"美+纷"、美卡兰儿童乐园、奈瑞儿美容院、FG美发馆、灏丰健身房等多个体验项目,构建精彩纷呈的嘉洲休闲文化娱乐体系,引领广佛商圈的商业潮流。

通过升级改造,嘉洲广场目前拥有500多家商户,日均客流量达5万人次,年销售额更是超过了12亿元。

捷报频传,钟义决定乘胜追击,再接再厉,在南海投资建设第二个"嘉洲广场"。该项目位于佛山市南海区里水镇繁华路段里水大道中,总建筑面积21万平方米,计划总投资约10亿元,以大型现代化综合购物中心、高级商务公寓、饮食娱乐、高科技文化娱乐、亲子教育互动体验及相关社区配套服务为主要经营项目,全力打造成为南海东北部地标式的购物饮食、休闲娱乐、教育培训、健康医疗和观赏栽培体验中心,预计2019年全面建成开业。

面对成绩,钟义常常心怀感恩。他常说,"小成功靠个人,大成功靠团队"。在嘉洲广场,"家"是嘉洲人常常挂在嘴边的企业文化。钟义常说:"嘉洲广场是我们的家,无论是投资方、经营商户、顾客还是员工,都是这个家里亲密无间的亲人。在这个大家庭里,大家目标一致,各司其职,各负其责,与嘉洲同呼吸、共命运,为实现公司和个人的价值而共同努力。"

华南商业地产风云二十载启示录

十四、黄文杰：商业地产行业的"快乐行者"①

图1 楚睿商业机构董事长黄文杰

从黄文杰（见图1~图3）的职业生涯中，基本可以寻找到20年来广东商业的发展轨迹。

研究生还没毕业就被选中去南沙区担任霍英东基金会主任助理，进入粤海投资有限公司参与收购20世纪八九十年代被誉为"广州商业旗帜"的南方大厦的项目，打造广州市首个民营百货——三惠百货，转战中华百货担任董事总经理，再到光明广场出

图2 楚睿商业董事长黄文杰（右）与第一商业网总裁黄华军（左）在采访现场

图3 楚睿商业董事长黄文杰（右）与第一商业网总裁黄华军（左）合影

① 本部分由吴婕秋撰写。

任总经理,组建商业地产服务机构楚睿商业机构(简称楚睿商业),以及创建广东省流通业商会和广东省商业地产投资协会……无论是公司职员、职业经理人,还是创业者、协会会长,黄文杰在多重身份之间转换自如,在不同的工作领域游刃有余。

(一)一路保送至研究生

在求学生涯中,黄文杰属于不折不扣的"学霸",从中学到硕士,一路"绿灯"保送入学,深得老师宠爱,是令人羡慕嫉妒恨的"别人家的小孩"。就在同龄人勤奋地啃书本的时候,他却已经开始积累社会经验,从大学二年级就开始兼职。

黄文杰本科学的是会计,而财务是企业的核心部门,因此他得以深入了解企业经营的"脉络"。被保送到中山大学读研究生后,他专心攻读企业管理专业,研究方向为市场营销。研究生三年期间,他兼职做过饰品店店长、公司市场部经理,还成为了广东省联合期货交易所第一批出市代表。

1993年,南沙国家级经济开发区获批,霍英东开始投资南沙。香港霍英东基金有限公司此时来到中山大学招兵买马,黄文杰被选中为该公司南沙办事处主任(霍震霆)的助理。

任职期间,黄文杰有机会接触到了各级官员,参与统筹和接待海外财团和投资基金的考察,既开阔了眼界,也增长了不少见识,为日后的求职打下坚实的基础。

(二)顺利叩开商业的大门

在黄文杰的QQ签名上有这么一句话——"什么是铁饭碗?不是在一个地方吃一辈子饭,而是一辈子在哪里都有饭吃。"他不仅以这句话为座右铭,更是用自己的事业轨迹诠释这句话的内涵。

研究生毕业后,黄文杰并没有继续留在香港霍英东基金有限公司,而是找到另一份令人艳羡的工作,在粤海投资有限公司(当时是广东省政府驻港窗口企业）负责招商引资，在省内找寻好的项目，然后物色、评估、分析、申报等，把海外资金引进来，促进广东重点企业发展。

1995年，黄文杰接到了一个重要任务，就是参与收购南方大厦项目，这也让他从各种投资并购案中脱离，转投到了商业领域，成为他事业转型的一个标志。

当时，天贸南大百货（天河城百货的前身）虽然在国内综合性百货商店里排名前十，但财务方面早已出现危机。收购完成后，黄文杰被派往天贸南大百货进行"止血"，被不少人当成了"眼中钉"——他关停了旗下15家公司，4000多人的企业一下被精减至1000人左右。

在清理业务的过程中，黄文杰对零售行业的各个环节、弊端、漏洞了如指掌，同时结识了不少供应商，商业领域的大门由此向他打开。

（三）转型商业地产全程服务商

1997年10月，黄文杰辞去粤海投资有限公司的工作，成为了一名职业经理人，第一个接手的项目就是三惠百货广场。3个月后，这个仅针对小区和周边村落的商场顺利开业，日均销售额达到了五六万元。

然而不到半年时间，黄文杰又被天贸南大百货挖走，扎扎实实地做了三年的营销推广。2000年，中华广场开业，其初衷是希望复制另一个天河城，黄文杰接受了他们投来的"橄榄枝"，参与筹备中华百货的工作，并实现了开业即盈利的目标。

2008年，黄文杰觉得创业的时机已经成熟，为此成立了楚睿商业咨询公司，从容易入手的服务提供商开始布局。随后，他以全资和参股的形式先后成立了8家公司，分布在零售软件系

图4　黄文杰在广东省商业地产投资协会创立大会上致辞

统、金融服务公司（零售企业 POS 机服务）、通信平台、商业网络媒体等相关领域，其中从事零售软件系统服务的微奥科技有限公司还一度排在全国五强内。截至目前，楚睿商业服务过的商业地产项目遍布全国 30 多个城市，规模超过 1200 万平方米。楚睿商业的愿景是"做中国商业地产全程专业服务的领跑者"。

秉承着对行业的使命感和责任感，黄文杰先后参与创建了广东省流通业商会和广东省商业地产投资协会（图 4 为黄文杰在广东省商业地产投资协会创立大会上致辞），争做商业地产行业发展的规划者和引领者，构建高效的商业地产行业的投资及经营交流平台，使之成为企业与政府间的合作桥梁，为进一步推动广东省商业地产行业的发展水平做出积极的贡献。

（四）会工作更懂生活

不要以为黄文杰只是工作上的"拼命三郎"，生活中他还是一个好丈夫、好爸爸，尽力做到工作和生活的平衡。在微信朋友圈里，朋友经常可以看到他不时发出和家人度假、下厨做饭、陪儿子读书的照片，甚至家里的小猫、小狗也是他热衷的拍摄题材。

要同时兼顾这么多事情，还要做得很出色，有什么秘诀？黄文杰总结道："快乐是根本，资源是基础，目标是动力！""在管理上，要实现效益挂钩、情感交融双管齐下，工作之余管理层与员工没有上下级之分，公司就像大家庭；当然，在效益考核方面，绝不能放松。"黄文杰深谙企业经营之道。

正是由于这种随和的性格，让他拥有圈内难得的真诚友谊与好人缘，事业也越做越大。黄文杰表示："乐于分享，往往会收获更多。无论做什么，快乐永远是最重要的，我也很喜欢和不同行业的人交朋友，不同的资源碰撞出跨界创新的火花，为消费者带来更多的新鲜元素。"

事业顺风顺水，家庭幸福美满，黄文杰俨然是一个大写的"人生赢家"。对于下一个十年的目标，黄文杰的心中早已勾勒好规划蓝图："希望广东省商业地产投资协会进一步发挥桥梁和纽带的作用，给予企业更为广阔的合作空间，促进不同区域之间的合作发展，把协会推向世界舞台，打造成国际典范。"

十五、黄启宁：天河城的"创业元老"与传承者[①]

图1　天河城集团董事长兼总裁黄启宁

图2　天河城集团董事长兼总裁黄启宁（右）与第一商业网总裁黄华军（左）合影

过去的20年，中国商业地产蓬勃发展，回首这段光荣岁月，天河城不能不提。1996年，中国大陆最早运营的购物中心——天河城正式开业。天河城的创建和发展，是广东乃至中国商业地产发展史上重要的一页。20多年来，凭借天时、地利、人和，天河城取得巨大成功，并刺激了购物中心业态在华南乃至全国的兴盛发展。

作为"中国第一MALL"的天河城，被誉为商业地产界"黄埔军校"可谓实至名归，除了练就出一代又一代的接班人以外，还为广东乃至全国培育了无数行业操盘手和商业地产的精英骨干。黄启宁（见图1、图2），不仅是天河城"创业元老"之一，更是缔造新辉

---

① 本部分由黎烙华撰写。

煌的传承者。

相较于"天河城集团董事长兼总裁"光环的霸气,私底下的黄启宁温润如玉,尔雅谦和得让人如沐春风。2016年正值天河城开业20周年,在黄启宁看来,20年来,天河城始终一步一个脚印,按自己的步调稳步前行。

(一)开业前那些事:梦开始的地方

农田遍野,蛙声片片,幼年时(1991年)的天河没有广州老城区的车水马龙,更多的是荒芜与落后。谁能料到多年以后,这里将成为中国最繁华的商圈。黄启宁说:"天河城第一成功要素是选对了地方。"

"20年前还没有新中轴、没有便捷的地铁,这里只是一片荒地,但是时任副省长的刘维明和原广东省财务办公室主任刘春亭一锤定音选了这里,他们清楚广州的城市规划,将来这里是要做市中心的。"就这样,一片充满无数可能的荒地成为了天河城诞生的摇篮(见图3)。

图3 天河城诞生的摇篮

"选址定好了,接下来的就是商业模式的确立。"在黄启宁看来,天河城的发展史册上镌刻着无数创业者的名字,刘春亭是构筑天河城的领军人物,还是这座"中国第一MALL"的灵魂。"当年16万平方米的体量真是宏大得让人不敢想象,是60岁的刘春亭拍板推行如国内最早的股份制商业企业;实行'百货+超市'两家主力店模式;最早引进外商零售百货企业;物业坚持'只租不卖',确保整个商场统一经营、统一管理等策略。"

天河城的成功,可以说是天时、地利、人和。从选址、组建公司到确立商业模式和设计方案,刘春亭还为天河城组建了一个专业的团队,黄启宁就是团队中的一员。黄启宁1978年考入中山大学,毕业后留校任教,1993年加入天河城集团(前身为"广东天贸(集团)股份有限公司"),成为人事部的第一任总经理。

(二)商业新时代:第一个十年的传奇

在天河城开业前,传统百货和商业街依然是中国零售业最兴盛的力量。1996年2月9日,天河城暨天河城百货(原天贸南大百货)隆重试业(见图4),

图4 1996年天河城百货(原天贸南大)举行试业典礼

中国国内从此告别无 MALL 的历史。当购物中心这个业态首次出现在国人的面前时,几乎所有人都不能想象为何天河城能把百货、超市、餐饮、电影院都凑到一起,并在以后产生巨大的效益。

"天河城开业起步并非一帆风顺,从散户招租到主力店的招商都遇到过不少困难。开业后,主力业态和部分散户都经历过亏损。"其时的黄启宁已是广东吉之岛天贸百货有限公司(简称吉之岛)董事副总经理,"当年吉之岛一开业就亏了三年,作为永旺在中国大陆的第一店,人流的确火爆,收银机不停作业,但是并不赚钱,大家苦苦坚持才终于在第四年把亏损部分都赚了回来。"

"后来的天梦宫、美食坊、奇趣城、文化廊相继进驻开业,不断涌入的新业态使天河城当年的日均客流量不断飙升。随着经营好转,加上地铁开通的利好,天河城又先后引入旱冰场、电脑谷、天王星电器城、夜总会等,这些业态进入商场不仅丰富了当时天河城的商业布局,更成为广州商业史上的'第一次尝试'。"到2004年,天河城基本上实现了饮食、娱乐、休闲、购物等"一体化享受"。

1999年广州地铁1号线开通,滚滚而来的地铁客流为天河城带来飞跃式发展。有数据统计,地铁开通后,天河城每年的日均客流量都保持在20万人次以上,其中2004年10月1日,天河城的日客流创纪录地达到了83万人次。激增的客流带来无限商机,"逛街就去天河城"也逐渐成为广州市民的消费习惯。

(三)群雄并起:引领天河路商圈崛起

"先有天河城,后有今天的天河路商圈。"黄启宁表示,天河城对周边商业的带动作用,如石头落水激起的涟漪,逐层往外扩散,辐射范围包括宏城广场、体育西路、天河南一路、六运小区等,商铺开始连片成网,逐渐形成一个北京路、上下九和环市东以外的新商业区域——天河路商圈(见图5)。

天河城的成功开发,刺激了购物中心产业的投资热潮。踏入新世纪"造MALL运动"势不可当,天河路上的"坐标"商业体崛地而起,继正佳广场开业后,广百中怡、维多利亚广场、万菱汇、时尚天河、太古汇、天环广场等陆续开门迎客,天河路商圈成为华南第一商圈。

"天河城为商圈打下了基础,商圈的建立让天河城变得更好。"在黄启宁

图5 天河路商圈

看来，群雄并起的天河商圈既为天河城带来了竞争，也为天河城带来了更多客流与机遇。"做商业不应该单打独斗，项目与项目之间除了竞争，还能互相学习、互相进步，强强而立的影响力能走得更远。"

2010年广州亚运会后，广州加速城市东进和商圈东移，天河路到珠江新城片区被划定为城市中央商务区。天河城作为CBD里的商业龙头，屹立在天河路的前端，见证着一代代广州市民的生活变迁，更见证着广州城市发展提速与商贸国际化的20年。

（四）不停步的创新：没有最好只为更好

天河城一直是国内购物中心的"示范单位"，面对目前国内实体零售形势严峻、零售物业供应井喷、顾客分流等各项挑战，伴随着一代代广州人成长的天河城在2014年开始主动展开了一系列的升级调整，增加差异化特色，以适应时下年轻化、时尚化的现代消费需求。

"天河城能走到今天,靠的不是一成不变,相反,天河城在商业经营上一直都在做各种创新。现在场内的业态品牌与开业的时候已经有很大的不同。"运营已20年的天河城,在硬件上,通过不断滚动装修对场内硬件设施进行升级改造。近年来,天河城始终跟随市场的变化对业态组合进行优化调整,引入包括Zara、Victoria's Secret、雅诗兰黛、绿茶、Maryling等具有品牌号召力的国内外商家进驻,使场内更年轻、更时尚(见图6)。

图6 天河城

"天河城集团旗下除了发力自有品牌天河城百货外,目前还完成向城市综合体的转变。多元化是未来的发展趋势,天河城还在不断创新,没有最好,但是我们希望能做得更好。"不知不觉间,黄启宁已在商业地产界走过20多个春秋,对于商业地产的现状与未来有着独到的见解。天河城在他的带领下,坚持务实与创新双管齐下的发展方针,多年来一直保持着行业领头羊的地位。

十六、黄河：广佛智城"电商体验之都"开创者[1]

图1　广东广佛智城商业地产投资有限公司董事长黄河

随着经济全球化和信息技术与信息产业迅速发展，传统实体商业与电子商务的结合已是大势所趋。

自2010年起，广东广佛智城商业地产投资有限公司（简称广佛智城）董事长黄河（见图1~图3）带领团队搭建平台，在佛山产业升级和"三旧改造"的重点项目110万平方米的商业土地上另辟蹊径，成功打造"电商体验之都"创新模式，让传统企业的线下优势价值在互联网时代实现最大化。

图2　广东广佛智城商业地产投资有限公司董事长黄河（右）与第一商业网总裁黄华军（左）在采访现场

图3　广东广佛智城商业地产投资有限公司董事长黄河（右）与第一商业网总裁黄华军（左）合影

---

[1] 本部分由吴婕秋撰写。

（一）"第一次吃螃蟹"很忐忑

在广佛智城16楼的办公室里，可以清晰地看到工人们正在永旺梦乐城项目工地上紧张地施工，施工电梯上下穿梭、马达轰鸣喇叭声响，好一派热火朝天的忙碌景象。面对此情此景，黄河回忆起最初拿到这片110万平方米土地时的心情，可以用"忐忑"两个字来形容。

"'第一次吃螃蟹'，我其实还是有些忐忑的。"对于土木工程系出身，有着多年承建经验，但对商业毫无所知的黄河来说，这种忐忑并非来源于集体土地性质本身，而在于由土地性质所导致的商业运营难题。

"2010年可以算是我事业生涯中的转折年。那一年，我从南海区大沥镇政府手中接过一块不算小的土地，就是现在的广佛智城。与我之前承建的地块不同，这是一块集体用地。在集体土地上建商业综合体，是我的初次尝试，也是南海开始探索集体土地新型经营模式的第一站。"

黄河坦承，在探索发展过程中，广佛智城走过一些弯路，但同时也积累了不少宝贵经验，正是这些经验一步步指引着广佛智城走上体验式电商发展之路。"这个过程很艰难，但我很庆幸，我们能够坚持下来。"

（二）致力于打造中国电商体验之都

在市场环境逐渐回暖的背景下，广佛智城率先成为广佛两地投资者关注的热点。据黄河介绍，广佛智城是国内首家提出结合体验型经济与互联网思维的创新综合体，依靠"O2O地产经济模式"，致力于打造"中国电商体验之都"。

2014年，广佛智城首个O2O模式的门店——梦芭莎O2O时尚生活体验馆正式开业，该门店由梦芭莎和广佛智城的团队历时两年研发和平台打造，是全国唯一一家真正意义上的O2O服装店。

同年，佛山南海大沥镇政府举行千亿项目签约仪式，在这次南海大沥的千亿产业项目中，永旺梦乐城和国际电商采购中心两大核心项目正式落户广佛智城。

其中，永旺梦乐城总建筑面积超过20万平方米，除属下永旺百货、永旺超市（原吉之岛）、莫莉幻想（儿童游乐）等特色主力店外，更引入众多国际知名品牌进驻，有超过 1/3 是日本知名品牌，1/3 为国际一线品牌，1/3 为国内一线品牌，结合广佛智城电商的平台为佛山市民提供全新的购物环境及生活方式。

依托佛山雄厚的制造业实力与大沥专业市场集群林立的先天优势，总建筑面积约 35 万平方米的国际电商采购中心采取展贸结合、以展带会、以贸促展的商业形态，通过超大规模的商业展览贸易设施、商务办公设施，结合电子商务技术手段，使数字化商贸城和有形实体市场之间相互促进、相互补充，从而推动佛山市整体产业转型升级。

据了解，目前进驻一期写字楼的 500 强企业超七成是电商企业，其中不乏阿里巴巴、京东等电商巨头。

（三）创新服务打造生态圈

作为总规模超过 110 万平方米的创新城市综合体，广佛智城有别于一般的以商业街或购物中心为特征的传统商业体，是线上线下多元业态组合的、汇集商务办公、展贸、精品酒店、时尚商业、电子商务网购应用、O2O 体验店等的复合型都市商贸生活中心（见图 4）。

图 4　广佛智城

行业代表人物

"下一步,怎样打造商业整体的生态圈,怎样创新服务,这些都是我们需要考虑的问题。"黄河用"服务升级"、"内容制造"两个词给出答案。

"服务升级,可打造产业集群。以广佛智城为例,它本身不做平台与技术,而是通过偏好性、偏向性的整体服务打造电子商务集聚区,吸引电商类公司、电商类服务企业、电商类体验店集聚,从而形成整体电商氛围,实现资源与人才共享。"黄河表示。

"至于内容制造,后阿里、京东时代,将通过场景去重塑电商,通过电商将商业内涵做更深度的挖掘。"黄河表示,电商最终要落实到本身的附加值,才能持续发展。

此外,广佛智城一直很注重电商人才的培养。自2012年起,广佛智城相继成立了华南大学生创业基地和智城电商大学,已成功引入50多个创业项目并孵化出如"点赞科技"等明星创业项目。黄河强调,广佛智城的"创业梦工场"未来将建立一个从项目孵化到成长乃至电商人才培养的综合性电商创新孵化体系,下一步将联合各大高校、商会,组建来自企业、风险投资、高校、专家评审委员会,筛选具备高成长性的创业项目,并引入成熟的创业孵化器、机构、证券金融等为创业项目提供完整的培育孵化体系。

为适应服务升级、内容制造日益重要的新局面,广佛智城还将扶持当地传统企业上网充电、引导电商平台与当地传统优势产业结合作为今后的工作重点之一。此外,在即将新推的二期写字楼上,将大力引进更加规模化、系统化、模块化的创新企业,同时引入投行以及大型金融机构,帮助企业对接资本市场。

"从来没有人像我们这么'傻'地来做一件如此辛苦的事情,但这件'傻事'就是我最自豪的事。"回首创业过往,黄河深感自豪并心怀感恩。"经过广佛智城全体同仁的努力,我们让城市减少了一块脏、乱、差的不毛之地,还给他们一座智慧的'电商体验之都',这足以证明'电商体验之都'是一条正确的造城之路。"

十七、曾昭志：中国零售行业 IT 的先行者[①]

图 1 科脉技术股份有限公司董事会一行（部分）参加挂牌新三板仪式

2015 年 12 月 16 日，深圳市科脉技术股份有限公司（简称科脉）正式挂牌新三板（见图 1），证券简称为"科脉技术"，证券代码 834873。这家主要为零售、餐饮、专卖等消费服务类企业提供行业 ERP 管理软件和互联网 O2O 技术平台及运营服务的软件企业，在深耕消费服务业信息化领域多年后，终于吹响了进军资本市场的号角，成为中国消费服务业信息化第一股。

伴随着鲜花与掌声，就在新三板上市钟声敲响的瞬间，科脉创始人、董事长曾昭志（见图 2~图 4）完成了他事业上最重要的仪式之一，16 年来的梦想，终于在此刻成真。

（一）深圳就是梦开始的地方

在深圳，每个英雄都有用武之地，创新和创业都拥有无限的可能。"深圳是一个创业的城市，任何有点想法的年轻人，都愿意跳出大公司的藩篱，哪怕从小小的生意开始，慢慢积累原始资本。我算是比较幸运的。"

---

① 本部分由吴婕秋撰写。

1998年，毕业于成都电子科技大学的曾昭志，只身一人南下，很快就找到了一份在外资公司做软件开发的工作。一年后，他与几个同事一起辞职，创建了深圳市科脉技术股份有限公司，从此踏上漫长的创业之路。

"我们那时候什么都没有，连办公室都只是一间数十平方米的出租屋，但我们也不担心什么，现在想起来，可能这就是年轻吧。"曾昭志的脸上一直挂着笑意。

曾昭志之所以有如此良好的创业心态，与他的家庭背景不无关系。少年富足，家道中落，对其的内心冲击非常大，也让曾昭志懂得，改变命运只能靠自己。"创业是给自己的另外一片天地，过程会很艰难，也会很辛苦，但成功的果实也很诱人，所以我还是想试一试，看看这个'深圳梦'到底能不能实现。"

他感叹道，做行业软件是个苦活、累活，需要投入和坚守，在大浪淘沙中存留下来，才能站得更稳、更久。

图2 深圳市科脉技术股份有限公司创始人、董事长曾昭志

图3 深圳市科脉技术股份有限公司创始人、董事长曾昭志（左）和第一商业网总裁黄华军（右）在采访现场

图4 深圳市科脉技术股份有限公司创始人、董事长曾昭志（左）和第一商业网总裁黄华军（右）合影

（二）紧跟潮流不断技术创新

"在零售、专卖和餐饮这几大服务对象里，我们最早做零售，当时还没有购物中心，我们给超市做POS收银系统。"曾昭志表示，创业多年，也正好见证了中国零售业的演变，从最初只有单一的超市，到百货、大卖场粉墨登场，再到后来兴起的购物中心，作为背后的IT服务商需要始终紧跟时代潮流，去做出相应的改变。

不过，要想顺利拿下大客户并非易事，国内有芸芸数千家ERP厂商，竞争十分激烈。曾昭志深知，技术实力是比拼的关键所在，"拿不出创新的产品，迟早会被市场淘汰，这些年看过太多同行渐行渐远，甚至销声匿迹。"

在2006年之前，科脉技术以标准化产品为主，通过渠道商服务零售终端。2006年后，曾昭志对企业发展战略进行调整，除了面向中小客户的标准化产品，针对大型客户，还推出了项目化运作的行业解决方案。

"标准化产品成本低，实施快，等小企业不断壮大的时候，我们就会有更高版本及行业解决方案来服务支撑。每隔1~3年，我们会对产品做一次整体升级。规模不同、产品不同，目前公司推出的智慧零售、未来餐厅等深度O2O整体解决方案，领先业内，均得到国内外众多客户的认可。"曾昭志坦言。

科脉技术在市场份额的不断壮大，还有赖于曾昭志对市场的精准把握。"我们看到，这几年大卖场在萎缩，而便利店、社区超市、大众连锁餐饮，还有生鲜、烘焙等各业态的连锁专卖店。它们有一个共同的特点，盈利状况良好，商业网点拓展速度也很快，未来零售企业之间的竞争，是供应链的竞争，小店铺、大连锁正是我们所擅长的领域，未来肯定还是会立足于这几个行业。"

（三）与客户一同成长

一直以来，经销商管理是科脉的优势，也是科脉最重视的企业发展点。科脉的产品化模式也决定了它将与经销商共存共赢。通过与全国渠道商建立良好的合作关系，实现资源互补，合纵连横，从而将自己的产品传播到全国各地的流通用户当中。

行业代表人物

"科脉、经销商、客户三者形成了一条完整的价值链,三方缺一不可,这就像草原上的狮子、羚羊、草三者间的关系。"曾昭志这样形容他与伙伴之间的关系。科脉技术满足现在的需求和未来的发展,保证其投资回报;同时,经销商是其必不可少的合作伙伴,经销商在当地市场有自己的优势,由此带动整条产业链的发展。

"同时,我们没有放弃服务任何一家小企业,并和它们一起壮大。在这个过程中,我们做了两件事情,一是为不同的企业提供适合它们发展阶段的产品和服务,二是对行业的坚守。"曾昭志的语气十分坚定。

与其他软件企业不同,科脉技术一直坚持走产品化路线,满足不同时期的发展变化:从最初的小店经营,使用低端产品,简单操作,到后期发展壮大,形成连锁,运用配送中心、供应链、移动商务、网上商城等,利用产品适应客户各个阶段的发展需求。

发展至今,科脉技术以深圳总部为辐射,在全国拥有7大营销中心,823个销售与服务网点,并在武汉设有研发基地及技术中心。如今,科脉已拥有20万以上终端用户,每天有超过200多万台POS机运行着科脉软件,用户数量和市场占有率位居前列。

作为国家科技部创新项目承担单位、国家高新技术企业、中国软件行业信用等级AAA企业,科脉技术取得自主研发产品认证、技术专利等众多荣誉,成为了国内最受便利店、餐饮百强、水果生鲜等连锁企业欢迎的软件品牌之一。

对于科脉技术挂牌新三板后的发展,曾昭志将业务规划简单归纳为四个方面:一是打造移动支付云平台;二是基于餐饮业和零售业的闭环O2O服务运营平台;三是主营产品升级与改造;四是SaaS化软件的研发和市场推广。

曾昭志表示,科脉技术以创新为己任,通过不断创新实现发展。

一路走来,依靠拥有多年行业经验的优秀团队、领先的技术、创新的产品线、强大的营销网络与优秀的本地化服务能力,成为中国消费服务业软件与移动互联网运营信息化领导型供应商,愿为推动中国零售、餐饮、专卖等消费行业的发展进步提供了强有力的信息化支持。

华南商业地产风云二十载启示录

十八、谢仕平:时尚潮流引领者[①]

谢仕平(见图1~图3),广州最早接触商业地产的"开荒牛"之一,从广州市商业局的副处长到广百股份有限公司董事总经理,从正佳企业执行总裁、正佳广场董事总经理,到世品国际董事长、联合丽特董事长、美东百货董事长,谢仕平完成了从政府官员到国企老总、从职业经理人再到私企老板的"四级跳",有过成功的喜悦,也有过失败的苦涩,最终开拓出属于自己的全新商业领地。

图1 广州世品国际商业管理有限公司董事长谢仕平

---

① 本部分由吴婕秋撰写。

图 2　广州世品国际商业管理有限公司董事长谢仕平

图 3　广州世品国际商业管理有限公司董事长谢仕平（右）与第一商业网总裁黄华军（左）合影

（一）从公务员到国企老总

1978年，年仅16岁的谢仕平考入中山大学攻读哲学系，大学毕业后，被分配到广州市商业局工作，一路仕途亨通，28岁就成为广州市商业局最年轻的副处长。

以为会一辈子待在单位的谢仕平，命运女神与他开了一个玩笑。1992年底，谢仕平被调任到广百担任副总，主管零售业务，戏剧性地从一个下达指标的官员转变为需要完成这些指标的企业管理者。

当时国内整个零售行业的各种业态初露端倪，谢仕平对行业的认识也不多，广百也仅仅开业了一年多而已，没有品牌和专柜，但经营得还是相当不错的。

1995年，谢仕平出国考察后发现，外国的百货都是在做品牌和形象。赴美归来之后，品牌化、专柜化的销售模式成为谢仕平专注改造商场的方向。

为了控制经营成本，谢仕平还对企业内部进行大刀阔斧的改革，强力推进精简机构，大举裁员，把最高峰时期的3000多人减至1000人。同时，由厂家承担人员、装修成本，把采购和销售分开，收回采购权，改成收账的模式。虽然在改革的过程中遇到了不少阻力，谢仕平依然坚持不懈地推进，最终那些困难都被一一化解。

2001年,谢仕平被擢升为广百总经理。他开辟广百新翼,扩大经营面积,同时加紧扩张步伐,在各地开设多家门店,并为广百的上市设定了时间表,在他离职之前,已经对广百完成了全面的上市辅导。

(二)跳槽到正佳担任职业经理人

在国企工作久了,谢仕平希望寻找更大的自由空间实现自己的抱负。恰好正佳广场这时投来了橄榄枝,谢仕平觉得,这是一个不错的机会。

2003年6月,谢仕平以"个人原因"提交了辞呈,在业界掀起轩然大波。第二天,广州各大媒体头版头条都是这位百货大佬请辞一事的报道。作为民企的正佳广场,少了国企的体制性束缚,为他提供了更广阔的空间,谢仕平带走了原来在广百股份的几个工作伙伴来到了正佳广场。

当时的正佳广场只是一块正在开发建设的"处女地",一层就有3万多平方米,功能和商铺还没划分,走在里边很容易迷路。

谢仕平带领他的团队从零开始,扎扎实实地进行了3个月的调研、规划和评估,定位了商场销售方向和群体,并对店铺进行划分。在对外招商时,不到一年的时间就招租到1000家店铺的加盟,创下了当时招商时间最快、数量最多的历史纪录。

(三)重新出发自主创业

正当大家以为谢仕平会留下来享受鲜花与掌声之际,谢仕平对正佳日后的发展和规划提出了八个问题和八条建议后,再度选择离开。

潮汕人特有的经商基因让谢仕平一直渴望拥有自己的舞台,在不惑之年毅然选择了创业。谢仕平很清楚自己的优势所在:成熟、资源广阔,操作经验丰富,相比年轻时创业的起点要高很多,但却更有紧迫感。

2005年5月,谢仕平创立了世品国际和丽特百货(见图4),以"专业化家电+零售门店+百货"的组合方式来打造丽特百货的"主题百货"概

行业代表人物

图4 丽特百货

念，同时致力于以零售理念服务更多的商业地产项目，并培养了一大批金牌商业地产项目运营操盘手。

良好的零售运营基础，稳定的团队，给了他极大的信心，谢仕平知道重要的是要调整好自己的心态，好好把握住机会，一尝当老板的滋味让谢仕平感觉非常充实。

2011年4月，谢仕平率领团队亲手打造的日系风格"美东百货"正式进驻东林下路商圈。在经营模式上，美东百货采用了品类经营专业化分工，是广州本土百货公司的首次尝试。尽管两年后美东百货最终被广百股份收购，但谢仕平也觉得不后悔，"大家都知道我有百货情结，就当是圆了我的一个百货梦吧。"

（四）实体零售的未来要与互联网结合

喜欢旅游、摄影，喜欢健身、游泳，喜欢逛街、网购，健康的生活方式让谢仕平看上去总是那么年轻时尚。正是始终保持对新鲜事物的追求以及所处的需要走在前端的咨询代理行业，谢仕平不断对商业地产、零售业的新理念和新思路进行思考，在百货、购物中心未来发展方向，O2O、大数据等方面都能娓娓道来。

"1996~2016年是广州商业地产高速发展时期，一方面，开发的量很大，购物中心集中招商；另一方面，由于供应量过大，太过集中，造成招商困难，特别是零售类商铺，甚至很多项目因为招商不达预期延迟开业。"在谢仕平看来，造成广州商业地产项目井喷的原因，一是已经很少有单纯的住宅性质土地出让，都要求配套商业；二是在房地产宏观调控下，开发商纷纷转型商业地产。

在中心城区商业趋于饱和的情况下，广州商业逐渐呈现卫星状，除天河商圈外，番禺、白云、萝岗等区域商圈也慢慢崛起。谢仕平表示："以后广州各个区域都会有独立的商业网络结构，但从目前来看，区域内的商业有发展过快的现象，周边人口和购买力还支撑不起，真正做得好的购物中心项目还屈指可数。"

如何破解购物中心经营难题？谢仕平提出"生活中心"的概念，"并不是简单的降低零售业态比例提高餐饮占比，盲目增加体验业态，而是在功能上进行丰富，增加人性化的服务，还要和环境进行更好的融合，打造真正的社交体验平台。"

另外，国内市场经济疲软导致需求下滑、电商冲击、成本上升的多重影响下，大部分百货企业日子都不好过，为了刺激消费，和电商争夺客源，广州多个百货全年促销大戏频繁上演，折扣力度也较大，此举虽然可拉动销售，然而对毛利率来说无疑是会拉低。

百货业未来的出路在哪里？谢仕平表示，百货应该积极拥抱互联网，利用会员大数据，进行统计分析，做好会员服务，进行精准营销。此外，谢仕平建议，百货公司另一个可以探索的方向是和已经有做电商的品牌商家相结合，慢慢转成半租赁模式，即只收取保底费用，线上交易部分就由品牌商家收取。比如，像绫致这种已经开始做O2O的商家，在百货公司做类似体验店的形式，顾客可以当场在百货付款，也可以扫描二维码在电商平台上进行线上付款。

经历了几十年的传统零售业沉浮，谢仕平将更多的精力放在研究行业的新理念、新思路，并保持积极乐观的心态。如今，在谢仕平的多重身份里，还增加了一个华南理工大学兼职教授的头衔，把多年来积累的丰富实战经验传授给更多的人。

十九、甄跃飞：本土超市"钢铁侠"[1]

20年前，300多平方米的昌大昌超市开业第一天就赚了8000多元，7000多个日夜后的今日，营业面积已过万平方米的昌大昌超市一直用自己的模式和力量证明，民营超市可以比外资零售巨头做得更好，走得更远。用其创始人兼董事长甄跃飞（见图1、图2）的话说，"不敢想象的成功，是在深思熟虑后，用钢铁般的意志和执行力实现的"。

图1 昌大昌超级购物广场有限公司董事长甄跃飞

图2 昌大昌超级购物广场有限公司董事长甄跃飞（中）与第一商业网总裁黄华军（左）、昌大昌超级购物广场有限公司常务总经理廖淑清（右）合影

（一）昌大昌超市起步：生命延续的故事

1994年，正值30岁黄金壮年的甄跃飞，经医院诊断罹患胸腺癌末期，生还概率仅为十万分之一。在妻子廖淑清衣不解带的照料下，凭着钢铁般的意志，甄跃飞在医院熬过了人生中最痛苦漫长的九个月化疗，奇迹般地康复

---

[1] 本部分由黎烙华撰写。

行业代表人物

出院。

随后，甄跃飞夫妻因所在企业变故遭遇下岗，拿着所剩无几的积蓄走上了创业的道路。"当初因为身体条件、家庭环境所迫选择了这一行业，结果一做就是20年，反而成就了一番事业。"甄跃飞不相信命运，昌大昌超市确实是他生命延续的另一则故事。

（二）300平方米的昌大昌第一店

20世纪90年代初的深圳，整个零售业可谓是个"洼地"。在朋友的介绍下，甄跃飞夫妻决定把创业的目标锁定在超市上。"当时只有百佳超市和华润超市两家品牌超市较具规模，最大的营业面积仅有300平方米。如何开？怎样开？对于一点经验都没有的我们来说，成为首要难题。但没关系，我们可以学"。甄跃飞把百佳超市和华润超市作为学习的主要对象。百佳和华润到底哪个模式比较好？为了了解和比较两家品牌的优劣势，甄跃飞用了一个星期走遍了深圳所有的百佳超市和华润超市，点人数、查品类。经过对比分析发现，相比选址商业旺区的百佳超市，偏爱市场附近的华润超市的生意更好。"华润利用市场附近的人流客流，以日常生活为主的购物连贯性、品相结构，成为了我们借鉴的商业模式。"

甄跃飞夫妻俩拿着下岗补贴和医保报销，加上从朋友那里借来的40多万元共70多万元筹备第一家超市的开业。"当时资金不足，超市的货架、钢管等设备都是二手的。"甄跃飞一边收购设备，一边了解结业超市做不下去的原因，分析失败的地理位置和人口结构。就在"许胜不许败"的决心之下，1996年6月28日，甄跃飞夫妻俩就在布心市场二楼开出了第一家300多平方米的超市，他们将之命名为"昌大昌超市"。超市开业的第一天营业额约4万多元，赚了8000多元。

1996年是本土零售业发展的标志性一年，美佳超市、人人乐超市、南城百货、沃尔玛超市、家乐福超市开始连锁经营，也是中国商业地产起步的第一年。

（三）6500平方米的第一大店

按着"近市场"的思路，昌大昌超市很快又在福华市场附近开出第二家店。两家店的火旺，让甄跃飞灵机一动："如果可以把街市搬到超市里，会不会更旺呢？这就要求更大的超市体量来实现，但在深圳想用少量的资金完成大体量和批货的目标基本是不可能的，开大店的强烈愿望让我们想到了深圳以外的市场。香港、深圳成功的模式，搬到香港、深圳以外的地区发展应该不成问题。"

对于第三家店的选址，甄跃飞首先就想到了伴随他成长的肇庆。"那时候的肇庆只有名胜古迹，还没有综合体，也没有大型购物场所。群商底商最大的铺面也只有几百平方米。后来几经周折找到了一处有6500平方米的建筑，就毫不犹豫地签了下来。"300万元能开出6500平方米的大型超市吗？除了甄跃飞夫妻俩，身边的亲戚、朋友基本都给出了否定的答案。

当时肇庆有这么一说，"一偏二远三二楼"，偏偏甄跃飞签的大店不仅偏，还是个二楼铺面。"这家店开得非常艰难，才装修好，银行账户就只剩下5万元，资金不足无法入货。"幸运的是，在深圳3年的经营口碑，让昌大昌超市深得供应商的认可。深圳和江门供应商赊了几百万元的货，以保证了超市的准时开业。

"少量资金开大超市，把街市搬到超市，对于我们来说是极大的挑战。那时民营超市还没有做生鲜的，我们都是新手。这是一个新的领域，最初每一步都需要自己去摸索。"1999年，昌大昌在超市里做起了生鲜。"当时没经验可以借鉴，街市以承包为主，把每个档口都包给人家。第一家生鲜超市就是这样做出来的。所有故事的衍生都是从这里开始的。"

凭借"新鲜"优势，这家当时肇庆最大型的配备有购物车、冻柜和空调的综合超市一炮而红。尽管之后陆续经受着国内外资巨头的冲击，这家对于昌大昌超市来说有着重大转折意义的金茗店（见图3），17年来依然屹立不倒，生意依然火爆。

行业代表人物

图 3　昌大昌肇庆金茗店

（四）跳出肇庆的 2 万平方米购物广场

肇庆店的成功只是小试牛刀，昌大昌超市是否可以走得更远呢？在肇庆站稳脚跟后，甄跃飞对昌大昌超市有了更长远的规划。"我开始走遍江门、阳江、茂名、湛江、南宁、梧州等地区，发现当时的湛江人口基数较大，零售商业环节较为薄弱，是昌大昌第三跳的最佳位置。"

所谓"一步一艰辛"，湛江店的选址并没有意想中的顺利，从定点到签合同，几经周折之下，2001 年 11 月 12 日，当时湛江最大的超市——昌大昌湛江第一家门店海滨店开业（见图 4），随即轰动整个湛江市。"很难想象，这家 2 万平方米体量花费近 1000 多万元，还借了 200 万元才顺利开业的店，一年能创造 4 个亿的营业额。"甄跃飞回忆道。

值得一提的是，四年后，经过 28 轮举牌，甄跃飞投入 2000 多万元以私人收购的形式，让海滨店变成了自己的物业，这也标志着昌大昌超市开始拥

图 4 昌大昌·湛江海滨广场

有自持物业，为以后涉足商业地产点下至关重要的一颗棋子。

（五）"新鲜"保卫战杀出创新血路

危机并存，昌大昌超市今日的成功离不开当初在肇庆的一场保卫战。2002年，肇庆金茗店面临新一佳、大润发、沃尔玛三大巨头的夹击。"当时的金茗店既没有停车场，资金与人才实力也落后于人，各种硬伤逼得我们几乎要撤退，夹缝生存之下决定放手一搏，把突破点放在新鲜区。"

"相比外资，本土超市应有的优势是接地气——更新鲜、更便宜。"为了新鲜的同时保持低价，甄跃飞夫妇在农村开始租赁土地、蔬菜产地及养殖场为超市直供农产品。"经过一年多的调整与试水，新鲜区的价格与品质获得消费者的高度认可，金茗店可谓杀出了一条'血路'，单位面积销售额比同行都要高。"图5显示昌大昌超市火爆的收银前台。

图 5 昌大昌超市火爆的收银前台

昌大昌超市通过"农超对接、基地直采"的生鲜模式，以 80% 的商品采取现金买断的方式，减少中间环节，降低成本，比联营经营方式的同类超市价格低 15%。于是，甄跃飞把肇庆新鲜区的模式复制到其他区域分店，并成为昌大昌超市的独特经营模式，2006 年更被中央电视台录制成专题报道。

随后，甄跃飞瞄准了商业地产的发展势头，以购物中心为主要的选址目标，开出过千平方米甚至过万平方米的大型综合超市。"购物中心为城市生活提供了舒适的空间，满足了消费者吃喝玩乐的多重需求，搭载购物中心能为超市带来更集中的客流量。"甄跃飞力挺商业地产的发展，不仅超市选址多为购物中心，投资兴建的台山昌大昌广场也在有条不紊地进行中。

二十载风雨兼程，在昌大昌超市一直"开门红"的背后，是经历了无数荆棘考验的修炼。截至 2016 年 12 月 31 日，昌大昌这面本土民营超市的大旗已插遍湛江、肇庆、江门、广州、佛山、梅州等粤西多个城市，平均 1 万平方米以上的大型超市就有 20 家，趣士多便利店有 20 家，和 1 座商业综合体。甄跃飞说，昌大昌是一步一个脚印走到今天的，"成功的商业模式无法复制，每一段路都需要自己不断地摸索与改进。"

二十、廖皓辉：成就中山超市之王[①]

在中山岐关西路广东壹加壹商业连锁有限公司（简称壹加壹）的大本营里（见图1），每天整装待发忙碌的车队、近5万平方米的现代仓储物流中心和自建的商学院大楼，这里是廖氏兄弟梦想开始与实现的地方。20多年来，从一家小超市发展到如今拥有68家商场的商业连锁有限公司，壹加壹已成为中山乃至广东的本土超市龙头企业。

图1　广东壹加壹商业连锁有限公司中山大本营

提及中山商业，壹加壹可谓无人不知、无人不晓。中山约有300多万常住人口，其中180多万人是壹加壹的会员用户，壹加壹超市遍布中山24个镇街，壹加壹总经理廖皓辉（见图2、图3）说："从无到有，壹加壹是中山人共同

---

① 本部分由黎烙华撰写。

图2 广东壹加壹商业连锁有限公司董事、总经理廖皓辉

图3 广东壹加壹商业连锁有限公司董事、总经理廖皓辉(右)与第一商业网总裁黄华军(左)合影

的壹加壹。"

（一）壹加壹背后的创业故事

20世纪90年代初期，华南乃至中国，本土零售业还处于萌芽发展阶段。在中山尤以个体户为主，当时廖氏三兄弟各自经营着小本生意。后来看中了超市开放式货架的经营模式，在一无资金、二无资产的情况下，怀着一份理想信念，三兄弟决定合体创业。

1994年，壹加壹首店在中山石歧老街开出，当时的营业面积仅有180平方米（如今此店的营业面积达3000多平方米，见图4）。三兄弟把各自擅长经营的领域与早期积累的社会关系融入到这家店里。超市早期从卖百货、电器、食品做起，随着市场的认可，壹加壹开始了拓展的步伐。至1999年，壹加壹经营门店数量已达到16家。虽然现有店面面积不断扩大，但仍然无法满足更大的需求量。

要走得更远，壹加壹需要更大的店面。但当时的中山镇还没有大面积经营的商业概念，租赁方式无法实现扩大店面的计划，要开大店，必须自己建。2002年，5000平方米的壹加壹民众购物中心在中山火炬区开业，这是壹加壹第一家自建物业的购物广场店。拿地自建物业成为壹加壹的新商业模式，也

图4　1994年开出的第一家壹加壹凤鸣店，现营业面积达3000多平方米

是企业发展的重大转折点。

（二）把市场做透，中山始终是发展重心

廖氏三兄弟是土生土长的中山本地人，对中山的人文文化、商业氛围、消费习惯的了解也成为壹加壹发展的重要基础。中山有18个镇、6条街道，共24个镇街，当时廖氏三兄弟认为，如果每一个镇街都能有一家壹加壹超市，不仅有利于壹加壹的发展布局，更能为镇街民生需求做出贡献。

为了加强网点与消费者的联动性，壹加壹早在20世纪90年代就推行会员卡制度，消费者可以凭会员卡在任意一家壹加壹超市进行积分消费。这一举措大大增强了各镇街分店的会员黏度。目前壹加壹活跃会员已达180万人，约占中山总人口数的近六成，几乎覆盖了实际主流消费群体。

为什么叫"壹加壹"？廖皓辉说："我们希望由壹做起，做到第壹。由壹

图5　2016年1月开业的南朗时尚购物广场

做起,是事业的起点;做到第壹,是发展的追求。壹加壹在中山历经十余载的经营与服务是一点一滴积累下来的,1994年第一家店从石歧起步,2003年在三乡开出第一家过万平方米的大店,到2016年的南朗店(见图5),我们始终将发展重心放在扎根的地方,希望把中山市场做透做稳,从中山而起打造百年名企。"

(三)壹加壹成功的秘诀是天时、地利、人和

20世纪90年代初期,中山整体的零售市场还是一片"处女地",当内外资巨头在广州、深圳等地忙于攻城略地时,壹加壹开始深耕自己的领地。可以说,壹加壹的起步抢占了时间和市场的先机,以至于凭借对中山消费习惯的认识、早期网点策略的制定和消费者对壹加壹的信赖度,对后期抗击内外资对手起到了制胜的作用。

有了天时地利,关键是人和的配合。廖皓辉认为,团队人才源于对企业的认知与忠诚,因此壹加壹非常强调团队意识。当年创立伊始的大部分员工

现已成为企业团队的中坚力量,企业每年还会对从业十年以上的老员工给予相应奖励,多年经营下来员工的流动性不大,大大增强了员工的归宿感和团队的向心力。

与此同时,壹加壹也注重人才的培养,企业内部甚少"空降兵",大部分员工从基层做起。通过自建商学院,邀请IBM等企业的人力资源专家来企业对内部员工进行专业人才培训,员工把工作与学习相结合,通过考试审核进行内部晋升;制定完善的绩效管理和奖罚制度,对企业员工进行严格的系统管理,在调动工作积极性的同时,让其把企业成就看成终身事业。在壹加壹,员工与企业是共成长、同进步的共同体。

(四)壹加壹由单纯的超市经营向物业经营转型

廖皓辉表示,做超市其实就是"搬运工",虽然是微利行业却讲求精耕细作。经营超市,对每一件事、每一个环节都要用心去做好。20多年来,壹加壹一直专注于超市经营方这个角色,因为专注才能专业。同时,随着本土零售业和商业地产的崛起与兴旺,壹加壹也因整个商业环境的变化实行多元化发展战略。

目前,壹加壹拥有购物广场、综合超市、社区超市、便利店四种业态共68家自营商业零售连锁店,同时经营医药零售连锁、食品加工、酒店娱乐等7个子公司,经营网络遍布中山城乡及广州、佛山、珠海、江门、新会等地区。

与传统超市饱受租金的制约不同,壹加壹很早就通过自建物业谋求长远发展,近七成门店的营业面积均是自持物业,通过出租部分商业面积丰富各门店的业态,在这个层面上,壹加壹也逐步转型为物业的经营方。

(五)顺应物联网发展,壹加壹不断创新

近年来,物联网的迅速发展颠覆了传统零售业原有的商业模式,备受冲击的实体店都在摸索属于自己的创新方式。顺应电子钱包的推行,壹加壹成为中山最早接入微支付的连锁超市;2016年在南朗新店已试运行自行研发的

智能收银系统。

　　未来几年，壹加壹致力于社区店与大店的发展，自行研发O2O系统联动原有的会员体系，会员可通过线上下单、线下取货的方式来采购各店的商品。同时，为了加强生鲜板块的优势，2016年，壹加壹在中山拿下了200多亩地规划自建物流中心，用于生鲜配送及完善整个壹加壹的中央物流系统。

　　廖皓辉认为，"创新"是"不停步"的代名词，对于百年企业的愿景来说，壹加壹还处在奋力发展的阶段，在未来变幻莫测的商业路上，需要更多的探索与进取，踏实前行。

华南商业地产风云二十载启示录

"我与商业地产 20 年"征文

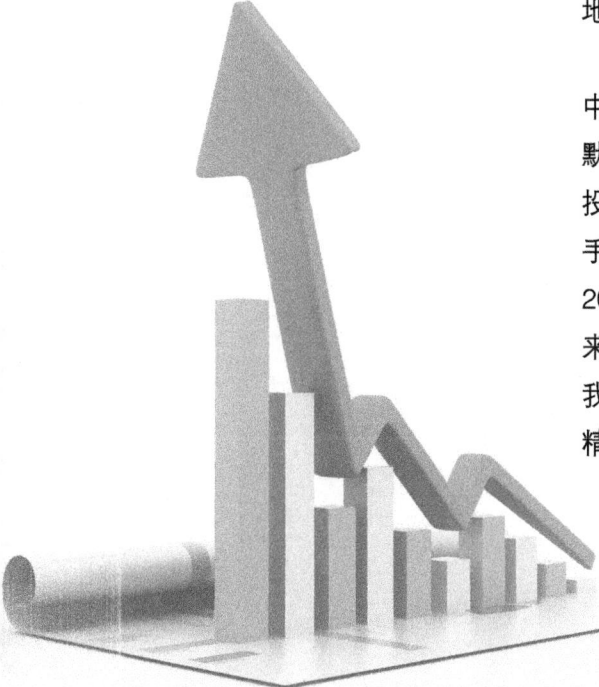

20 载春华秋实，20 载风云激荡。1996~2016 年，华南商业地产走过一条不平凡的道路，发生过许多令人难忘的重大事件，缔造了一批实力雄厚的商业地产开发商，成就了一群贡献突出的风云人物，诞生了众多植根于商业地产的赫赫有名的连锁品牌！

在这段激情燃烧的岁月里，在购物中心火爆人气的背后，是否也有您的默默付出和努力？在此，广东省商业地产投资协会、第一商业网、楚睿商业联手推出——楚睿商业杯"我与商业地产 20 年"有奖征文活动。自活动开展以来收到商业地产行业人士的踊跃来稿，我们选取其中的 10 篇征文，分享他们精彩的故事。

一、十五年磨一剑　从优秀到卓越

文 / 王俊标

从 2002 年踏入商业地产这一行业，如今屈指一数匆匆 15 个年头。一路沿着这条荆棘大道砥砺前行，如今商业地产正走上一条康庄大道。个中艰辛曲折，作为一路走过来的行者，路仍然在脚下。总结我这 15 年的成长轨迹，也恰好折射出中国商业地产人这 15 年来的奋斗历程。

（一）初入职场：播下一种心态　收获一种思想

2002 年大学毕业，我初入职场。第一家单位的选择，意味着从此与这一行再也分不开。

2002 年的深圳零售业尚是百货家天下，也处在百货格局变革的前夜。初入职场，我便进入了深圳一家国字号背景的上市百货公司——深圳市国际企业股份有限公司（深国商）。

深圳作为改革开放的前沿阵地，活力和开放一直伴随着这个城市的成长和崛起。如今看来，国企背景的企业，或多或少与深圳这个城市的文化有些格格不入，当一些人选择在国企背景的企业浑浑噩噩度日时，初入职场的我，本着一颗强烈的求知欲和对新鲜事物的好奇心，在最基层的锻炼中播下了一种积极进取的心态。

初入百货行业，从事最基础的营运工作，零售业的楼面现场管理又是以琐碎而著称，每天进出货物、卖场陈列、早晚会议、客流统计、营销活动以及超市物品盘点等都需要坚持不懈。

俗话说："笨鸟先飞"，"上天总是把机会留给有准备的人"。一天早会过后，按照惯例在卖场巡场时，我突然发现前面一块骑楼旗掉在地上，而一路走过的营业员和公司楼层管理人员均视而不见。而这时，我不由分说，搬起一个凳子，就开始将掉下的骑楼旗重新挂回去，这时，刚好深国商的集团领导经过，见我的举动，于是询问我的部门及职位信息。第二天，我便调到总部市场企划部，专职帮助该领导打理相关市场业务。后来才得知，该前辈是深国商请来的中国台湾零售百货业的精英。而正是在该前辈的提携下，长达十来年的缘分和思想的洗礼，每每让我受益终生。

从此，每天从事有关市场营销的策划组织、方案撰写、平面设计、印刷制作、物料跟进、活动举办、数据分析等工作，才真正宣告我一只脚踏入了零售百货业的大门。

（二）突飞猛进：宝剑锋从磨砺出

2004年，是深圳商业地产转型的开局之年，同时也是中国商业地产开始步入购物中心时代的元年。同年，位于罗湖的金光华广场和万象城的先后开业，引领着消费新升级。而正是在此契机下，受前辈的点拨，我义无反顾地从深国商跳槽到金光华广场，继续市场企划工作之路。而此次跳槽，书写了我职业生涯中最记忆深刻的一笔。

金光华广场位于罗湖区最核心地段，也是深圳最大的单体购物中心。无论是体量，还是丰富的业态，抑或是近500家品牌商家，均是我以前未接触过的，对我来讲，也是前所未有的挑战。

于是我借鉴传统百货的营销思路，从最基本的业态整合出发，根据节庆和时间特点，分别针对如时装、箱包、化妆品、珠宝钟表、运动品牌、内衣等不同业态，推出不同主题的品牌节日。整合业态是基本功，而如何找到目标消费客层，并针对该客层进行终极锁定，是任何一档活动成功的关键，因此我试着与银行的高端客户，星级酒店的住户，车友会、楼盘会的客户进行异业的联盟，进一步拓展了营销的渠道。而有了活动的组织策划、有了目标客层，接下来就是所有的物料的准备工作了，从文案、设计到下单至喷绘、印刷厂家制作，为了做到万无一失，熬夜至印刷厂看菲林、确定色彩；陪着喷绘公司看小样，确定分辨率；最后出来的成品，甚至会亲自到快递公司跟进投递。一切都事无巨细、亲力亲为。

对于一家购物中心来说，零售业态只是其中之一。首次将餐饮业态开进商场，无论是消费者接受度还是商家参与度，均在国内没有借鉴案例，对于营销来说，更是一个新兴课题。因此，针对餐饮商户的特别企划便在每天的头脑风暴中呼之欲出。零售，可能较多消费者一个月才买一件衣服，但餐饮的消费不同，是一个持续性的消费行为，因此，如果在让利过程中，将商家、消费者和商场三方在持续性的消费中绑定在一起，即如何打造消费者的黏度，是餐饮营销的关键。因此，我们一方面以coupon券形式，将消费者和商家绑定在一起，另一方面采取异业结盟方式，将餐饮业态和娱乐休闲业态进行互动，带动了彼此客流的充分流通和共享，我们首次（也是业界首次）将餐饮业态及零食商家结合在一起推出"美食联邦嬉游记"企划专案。此活动一经推出便深受欢迎，市场接受度出奇高，而该营销案例也成为深圳购物中心圈子内的经典。随后几年，随着移动互联网的普及，将线上线下进行引入合作，进一步拓展了营销的便利和空间。

在这些付出之后，商户的业绩明显有了稳定提升，市场口碑也随之而来。如果说以上的营销方法和手段是针对场内的商户进行整合，是内生的，那么外在的购物氛围打造和大型聚客流活动的策划，对购物中心的经营者来说，是一个新的课题和挑战。在此之前，没人做过，也没有相关的资源，市场是一片空白。因此，只能靠自己的组织和策划，从最开始的"珠宝时尚秀"、到"首街舞大赛"、"中韩文化交流季"、"圣诞跨年狂欢"到最后与演艺公司合作的台湾偶像团体5566、飞轮海、罗志祥等见面会，我们将广场营销做到极致，每次大型原创活动成功举办，都把广场客流提升30个百分点以上！

任何一个新开业的购物中心，通过高频次的活动组织为商场导入源源不断的客流，组织商户进行行之有效的营销活动，可以说市场企划做到这个地步，似乎已经"山穷水复疑无路"了。接下来，如何在精细化管理上下功夫，在客层的消费形成分析、VIP客户的精准营销，便是应运而生的新课题。经过短短两年培育，金光华广场已经网罗了10多万的VIP客户，而针对这些有效客层进行消费偏好分析，如客层来源、年龄结构、消费客单价、业态偏好、楼层偏好、积分情况等，便显得尤其重要。由我亲自主导编辑的《金光华广

2005年，王俊标在深圳金光华广场汇报工作

场VIP分析专案》历经一年于2006年完成，进一步指导今后的会员发展方向、业态调整、营销思路等，算是我为零售业尽的一点绵薄之力。

"世上本没有路，走的人多了便成了路"。2004~2007年三年多的金光华职业生涯便是走出这样一条无人走过的路，个人艰辛，恐怕只有自己才能深深体会。长期的高压态势，让我的头发几近谢顶。但回首这段历程，它开拓了我的眼界、拓展了我的知识边界，期间猎头顾问的不断青睐也给了我莫大的鼓励。

（三）牛刀小试：潮平两岸阔

2007年，是中国商业地产甲乙方转换的元年，如果说在此之前的购物中心，是乙方要拓展市场的需求大于甲方招商品牌选择的需求，那么在此之后，则乙方变被动为主动，变成乙方在拓展市场时有更多的选择性。

因此，在这一年，大量的新品牌、新业态伴随着购物中心的布局如雨后春笋般涌现。而电影市场，无疑是市场中的一片"蓝海"。在此大背景下，我有幸加盟中影今典国际影城，从一名甲方负责全场500多家商户的推广人员至专职于影院的营销推广人员。

在此之前，除了销售储值卡之外，影院的营销手段乏善可陈。而我的加入，将购物中心的营销观念跨界带入影院，因此异业结盟、借力打力便是我的"拿手好戏"：①与银行信用卡合作，"刷信用卡1元看电影"，该活动既能帮助银行网罗大量信用卡用户，又能帮助银行提升动卡率、培养刷卡人的忠诚度。而该活动随后成为深圳众多影院竞相模仿的案例。②与政府、企事业单位、上市公司进行整体团购，开设企事业单位电影专场及新片专享会，既体现企业关怀，又花最少的费用为员工创造最大的视觉享受。③与啤酒、饮

"我与商业地产20年"征文

料等快速消费品合作，以场地资源置换形式将消费者的利益最大化绑定，既赢得市场又赢得口碑。④借助商场的力量举办明星见面会活动，如葛优、范冰冰、李连杰、刘德华等明星专场见面会，拓宽宣传渠道，做到全城独家的影响力………不一而足，所有创新性的营销手段，都能为深圳的电影市场提供参考和借鉴，而在我的努力之下，中影今典影城以最快的速度迅速打开市场，在最短时间内回收投资成本。

（四）得心应手：轻舟已过万重山

如果说影院两年的工作经历是牛刀小试，那么回归到购物中心，玩转营销更广阔的天地更是我选择中心城广场的理由。

我于2009年加入中心城广场，担任市场推广总监。2009年的购物中心市场已经面临诸多的竞争者，市场的差异化区分，即定位，是所有从业者考虑的问题。而我加入中心城以来，"CBD中心区"、"全深圳首个双地铁交汇购物中心"便成为最大的卖点，因此"一个CBD中心区，只有一个中心城"的口号呼之欲出，逐步在推广过程中被消费者所接受。

中心区的购物中心，最大的优点就是得地利之便，交通的优势就是资源上最大的优势。乘此优势，我们与外联单位进行充分的资源置换和合作，以一年举办200多场活动而冠绝深圳购物中心。在高强度、高密度的推广活动组织下，中心城的人流量持续不断攀升，而配合人流量的增长，招商部门同时积极调整商户结构，引进更具人气的餐饮（上井）、娱乐（雅乐荟）等业态，相辅相成。而购物中心的投资者在租金回报和整体价值评估上取得了更好的资产价格。

随着两年半的中心城市场总监经历的结束，标志着单店的市场营销工作，就个人的职业生涯来讲，基本走到了尽头。而在中心城，基金参与到商业地产的运作给我带来了全新的视角，也为我的下一步职业生涯打开了新的空间。

（五）百尺竿头：吾将上下而求索

实践走到了一定的地步，如何再上一层楼，在个人事业上有新的突破？成为我思考的新问题，从2002年步入职场到2011年，整整10个年头。如果说头10年靠自己的吃苦耐劳在市场的实践中去打造自己，那么接下来，让自己去总结经验再出发的时候到了。

2011年，我有幸加入凯德商用产业有限公司（简称凯德商用），担任华南区品牌策略与传播部副总经理。凯德商用作为全亚洲最大的上市房地产公司，在商业地产开发领域，成功将REITs运作引入中国，为商业地产的投资来源开辟了新的道路。回炉再造的过程，让我对市场营销有了全新的认识。凯德集团有成熟的操作分工、标准化流程，并且以资产管理的方式去贯彻一个购物中心的经营。

凯德集团通过旗下的投资和资产管理团队收购商用物业，然后通过项目管理团队开发运营，最后将运营成熟的商用物业注入信托，将其转化为公众投资。因为基金与项目相连，所以基金的建立是凯德集团在中国商业物业开发的一个坚实后盾，而凯德集团成功的项目运作也是资本回报的保障。

凯德商用有成熟的体系，各项配套操作的完整度和成熟度，完全是一所商业地产从业者的商学院。在凯德商用的两年经历，让我得以站在资本的视角去看待购物中心的开发、经营、营销和资产管理，凯德商学院上百个培训课程让我受益匪浅，终生难忘，这更加丰富了我的实践经历，开阔了我的眼界，也提升了我的团队领导力。

（六）放眼乾坤：会当凌绝顶　一览众山小

2013年，离开凯德商用，我到了中国商业地产最顶尖的平台——万达集团，担任万达商管总部营运中心市场推广部副总经理一职，负责十多个项目的开业和部分项目的后期运营。我带领500多个市场推广人员，仅用一年时间，就与团队开发出哈尔滨、丹东、徐州、武汉等18个新项目。在此期间，我带领全国各地的万达广场营销人员打造了诸多开业及旺场的营销点子，如

"我与商业地产20年"征文

"千桌美食免费请你吃"、"万名时尚女孩8元全场畅行"、"万人VIP专享优惠"等,也开创了多个首次,如首次将20多个1:1战斗机模型开进购物中心,首次将飞屋飞进广场,首次使用私人飞机接送顾客,等等。在北京万达总部最大的历练有三个部分:第一,以总部的角度,去制定营销活动的标准流程和考核体系,指导各项目公司年度、季度、月度营销活动,并实时督导执行;第二,在参与新店开业过程中,从前期市场预热到开业活动,依靠强大的执行力,一炮打响;第三,任何强大的团队,执行

2013年,王俊标在北京国际会议中心出席万达商业年会

力的上下一致需要从观念和操作上进行标准化的培训,而万达强大的管控体系和军事化的管理作风,是带领500多人营销推广团队打赢一场又一场硬仗的保证。

万达——中国商业地产领域当之无愧的"一哥",而我在万达营运推广1年多的职业生涯,也为我在商业地产市场营运推广领域画上了完美的句号。

(七)革故鼎新:数风流人物 还看今朝

2014年,顶着商业地产市场营运推广领域"华山之巅"的光环,我迎来了个人职业生涯中的又一转折点,从市场营运推广到全面负责一个商业项目。2014年,我加盟广州乐峰广场,担任总经理一职,全面管理广场经营工作,对一个购物中心的整体经营有了更全面的经验。

乐峰广场作为一个区域级的购物中心,以年轻家庭型客层为主打,挖掘

年轻客层及家庭元素,洞悉该层次消费心态,进行乐峰广场的定位再塑,是我的首要任务。在此目标下,业态组合以快时尚为特色,以餐饮业态为突破,辅以影院、超市等主力业态。由于这些优化组合,乐峰广场逐步在广州商业中占有一席之地。另外,在市场推广中,我们更加注重品牌的营造,将家庭欢乐、活力青春、分享互动作为核心,打造全方位生活体验中心,始终将时尚化、家庭化、娱乐化、人本化贯彻到招商和市场营销两条主线中,把客层经营理念渗透到经营环节中,与我们定位的目标客层取得深深共鸣,重塑和引领新的生活美学。

回顾15年的商业地产从业经历,我有几点经验与大家分享:①作为职业经理人,一定要专业,时刻把责任放在心上;②做事就是做人,要踏实干事,不要怕吃苦,要把个人的诚信品牌建立起来;③时刻思考和洞悉你所在行业的发展和变化,以一种更积极的心态和正能量紧跟时代步伐。唯有如此,你离成功才会越来越近!

2016年,王俊标在广州乐峰广场巡视经营现场

"我与商业地产20年"征文

二、十七载商业梦 十七年华南情

文 / 李建

时光如白驹过隙，转眼之间，我在华南商业战线上已经摸爬滚打了十七个年头，将生命中最精彩、最璀璨的十七年留给了广州这座改革开放的前沿城市。

十七年前的农林下路商圈远没有今天的繁荣景象，当时的广州王府井百货（简称广州王府井）还只是一家刚站稳脚跟、带着浓浓京味的传统百货商场。作为集团公司实施百货连锁战略对外发展的第一家门店，广州王府井肩负着奠定信心、探索路径、积累经验等多重责任。如何引领广州王府井快速跨过生存期，科学度过稳固期，继而迈进发展期，是摆在我这个年轻"舵手"面前的第一道难题。

"思深方益远，谋定而后动"。经过深入调研与分析，我决定从商品、体量、营销、团队建设四个方面入手解决发展期的各种问题。第一是商品调整。我开始引进广州市场稀缺品牌，着力打造品类品牌特色，构筑差异化经营模式，不断强化穿戴类商品，使女装、鞋皮两大品类逐渐脱颖而出，

广州王府井百货

成为深受同行业认可、消费者青睐的主打品类。第二是进一步扩充商场体量。继2001年扩租第五层之后,2003年又扩租第六、第七层,两次扩租共增加营业面积11000平方米,为未来发展奠定了基础。第三是强化营销能力。进一步确立了"大众、成熟、时尚"的市场定位,并提出"穿在王府井,让您更美丽"的营销理念,以娱乐性、互动性、聚集性为目标策划营销活动,借助活动向消费者传达门店的时尚品位、生活理念,既而推动销售提升。第四是深化团队建设。成立工会组织,定期开展职工文化体育活动,提升企业凝聚力;组建内训师队伍,通过"请进来、送出去"等多种形式的培训,不断增强团队素质和提升经营能力。

正是这些极具针对性的举措夯实了运营基础,强化了商场软硬件实力,广州王府井顺利度过稳固期,快速迈上发展之路。2011年销售额成功跨越9亿元大关。通过团队的不懈努力,企业的运营管理日趋成熟,服务水平快速提升,市场份额和影响力不断增强,成为农林下路商业街的龙头企业和标志性商场。

"一枝独秀不是春,百花齐放春满园"。2006年,我被商户代表推选为农林下路商会的首任会长,肩负的担子与责任又重了许多。我不但要考虑广州王府井这颗棋子的走向,更要规划、推动整条商街的全局发展。不仅要想方设法让广州王府井发挥"主心骨"和"突击队"的作用,更要统揽全局,凝聚商家,整合资源,为区域商业发展贡献力量。例如,2007年元旦期间组织举办"商街新年嘉年华",首创商会组织、商户主唱、媒体助推的联动模式,取得良好口碑与不俗业绩。为扩大消费需求,培育消费热点,聚集消费人气,进一步提升商街的知名度起到积极作用。我时刻铭记会长所承载的使命,尽力做好政府和企业间的"桥梁",先后撰写、提交了十多份提案,对完善农林下路一带的交通组织、促进商街发展、提升商圈竞争力起到良好的推动作用。

十七年,筚路蓝缕,春华秋实。2016年,我又站上了新的起点,迎来又一轮挑战。目前,我正全身心投入到王府井佛山购物中心的筹建中,带领年轻的团队为佛山零售业的繁荣添砖加瓦,让佛山消费者体验到独特的人文服务和商业氛围。

我愿做一头永不停歇的拓荒牛,继续在华南这片商业沃土上辛勤耕耘,我将用毕生心血来灌溉我的商业梦。

"我与商业地产 20 年"征文

三、我与商业地产携手并进丰硕十载

文 / 佘达勋

2006 年 4 月 28 日广百新一城签约仪式

2007 年 1 月 15 日广百新一城开业

广百新一城

2006年广百股份与江南花园携手合作，
竭尽全力、夜以继日、争抢开业进度，
2007年1月15日广百新一城开业庆，
成为广百股份首个购物中心业态门店，
荟萃购物、餐饮、影院、娱乐于一体，
致力打造海珠区地标性区域购物中心，
抢占江南西商圈，商业地产谱写新章！

周边区域大型楼盘雨后春笋蓬勃发展，
市民居住格局改变成就全新消费模式，
从集中传统商业区域到分散社区消费，
广百新一城占天时、地利、人和优势，
广百人拼搏奋进、励志图强、开拓创新，

"我与商业地产20年"征文

经营调整招商忙、员工时装秀聚人气,
众志成城开门红,实现开业当年盈利!

购物业降成本、大踏步持续健康发展,
"以市场为导向创造新的销售增长点",
广百新一城开业后经营业绩有目共睹,
年租金、管理费、百货销售翻倍增长,
百货店刷新单日销售1388万元纪录,
广州十大购物中心多项荣誉纳入囊中,
携手并进丰硕十载,展望未来再创辉煌!

四、购物中心 MALL 成功的三大关键你 get 到了吗?

文 / 张岚

20世纪90年代以来,随着中国经济和社会的快速发展,购物中心作为一种新兴的商业形态,在各大城市"一窝蜂"地掀起开发热潮,现在中国已经成为世界上在建购物中心最多、建设量最大的国家。"梦想很丰满,现实却骨感。"当老牌的万达已经迈开"去地产化"、"弱百货化"的步履时,很多"砸"在开发商手里的购物中心仍然像沉睡的"植物人"一样未被唤醒。我在

新华南 Mall

"我与商业地产20年"征文

地产行业奋斗多年,每每看见那些已经"砸"在开发商手中的购物中心物业时,深感痛心,在此我从购物中心的定位、招商、运营三个关键环节分享些经验。

大规模购物中心(SHOPPING MALL)产生于20世纪初,五六十年代在美国等发达国家盛行,掀起了商业经营方式的新浪潮,并逐渐以其购物、餐饮、休闲、娱乐、旅游等综合性经营模式与完美的环境配套设施形成"一站式"消费场所,从而风靡欧美,如今已然遍布世界各地。世界上最大的五个购物中心,现在都集中在亚洲,而中国现在已经成为世界上在建购物中心最多、建设量最大的国家。

世界上最大的购物中心"新华南Mall-生活城"坐落在广东东莞,与广州、深圳共同构成珠三角新城市带,覆盖珠三角整个区域4000万人口、近7000亿元的消费市场。项目占地面积45万平方米,建筑面积119万平方米,商业面积46万平方米,停车位8000个,总投资额超过45亿元。新华南Mall,几易其名,却因规划、定位的硬伤始终艰难经营、门可罗雀。

已经遍地开花的购物中心,千篇一律的多元业态、一站式购物,鲜有新意。世界已经进入互联网商业时代,零售已经步入智慧时代。零售业日新月异的变革飓风,正极速卷过那些清冷古板的城市建筑侧畔,一路飞驰。等整个零售业市场陷入泥淖的时候,商业地产也不可避免地从攻城略地到一夜遭遇"滑铁卢"。

原来,直到今天,那些高大上、华丽的购物中心却只有不足两成的成功率。这个冷峻的数字,既缘于当年热闹非凡的房地产畸形时代,也应运而生于地产商曾经自信傲骄的浮躁心态。当然,结果有些冷酷无情:从不可一世的疯狂到坠崖般的落败。

在严峻的挑战面前,成功的购物中心MALL只有三大关键词——定位、招商、运营。

(一)定位

购物中心的定位是购物中心战略规划的起点。它所决定的不仅是购物中心的商业功能,更是购物中心的发展命运。

近年来，媒体上总爆出"关店潮"的新闻，事实上，在电商冲击下，传统百货业态都在萎缩，购物中心增加餐饮、儿童体验业态是调整方向，增加"吃喝玩乐"才能带来人气和消费。

通俗的观点认为SHOPPING MALL具有如下两个特征：一是大。占地面积大、公用空间大、停车场大、建筑规模大，由若干个主力店、众多专业店和商业走廊形成封闭式商业集合体。二是全。功能全，集购物、餐饮、休闲、娱乐、旅游乃至金融、文化功能于一体，提供全方位服务。这种商业地产投资巨大，对发展商的资金、管理、招商能力提出了很高的要求。一个完整意义上的SHOPPING MALL必须拥有多种不同业态的主力店。SHOPPING MALL要绝对时尚。

广州天河城成为国内第一个真正意义上的购物中心，其最大的亮点就是让购物中心的业态之间的互动共振，来实现消费客群集聚。因此，业态之间的有机互补，对商业市场的培育、商业功能的完善都将起到直接的助推作用。

成功的购物中心SHOPPING MALL定位规划要点：区别于百货店，也不同于一般的购物商场，是多业态、多业种的复合体。体现"一站式消费"的多功能大型商业物业，有统一的业态规划、功能规划、动线规划的建筑集群。

第一，商业功能定位。从购物中心的本质来看，多元业态本身是购物中心的主要识别特征。然而多元业态并不是简单的业态叠加，购物中心的功能定位是以区域市场和目标市场的定位为出发点。商业功能定位一定要和目标市场定位相吻合，市场及业态定位相结合，进行不同行业、不同业态的区域性、层次性、诱导性、互补性的商业环境与设施规划，使流线通透、空间和谐、布局合理、功能匹配。既要兼顾业态的全面性，也应注重不同业态的占比，以及业态之间的有机互动。

第二，商业形象定位。购物中心的商业形象往往决定了其市场竞争力与区域辐射力。当下，中国大部分城市居民的消费需求早已从吃饱穿暖，关注质量、注重品牌的中低段位发展到追求健康、个性、品位、自我提升的高级段位。

买东西不再是逛街的主要动机，看风景、社交及娱乐、满足口腹之欲、享受天伦之乐已成为大众去商业中心的直接理由。当前是一个"看脸"的时代，关于商业的东西，一定要做到"至少看起来漂亮"，大家已经无可挽回的

"我与商业地产20年"征文

陷入拼"颜值"的混战中。

购物中心的商业形象一旦确定，就需要进行统一的 VI/CI 设计，并通过一定的手段和道具进行有效传播。把购物中心的商业形象以建筑、景观、购物环境、商业布局、产品、服务以及营销策略等综合手段来表现，以强化购物中心形象的传播力。

第三，导视设计。业绩好的购物中心都非常注重创意导视。如果把购物中心比作航母，品牌招商比作航母装备的武器系统，营销和运营能力比作航母的攻击力，导视系统则相当于航母的雷达系统和指示系统。如果没有精确的指示能力，武器系统即便再强大，也是浪费弹药。好的导视设计是以消费者需求为导向进行，像对待"路盲傻瓜"一样去引导顾客消费。

导视设计的作用：①内部导视的作用——唤醒消费者的潜在需求。通过动线规划设计让人流畅通，导视扮演着巧妙的角色，把购物中心的一些东西激活（如某些业态或品牌的气场和存在感）进而唤醒消费者的潜在需求。②外部导视的作用——引导消费者到场消费。一般的大型购物中心在郊区，辐射区域为 6~8 公里，而其导视标识不仅要做店内引导，还要通过远程引导和标识把消费者从远处引导至商场里。

现在，部分购物中心高管存在偏见：只要精美设计的标识牌，却不重视其功能性，在具体环境应用时更是简单了事，譬如停车场只提供方向指示功能。甚至过分追求高端、富丽堂皇而喧宾夺主，达不到导视的根本目的，不利于将顾客聚焦于商场的整体氛围乃至商品或商户上。

第四，目标市场定位。包括目标区域定位和目标消费群定位。例如：上海恒隆广场可以有效地辐射到整个长三角，然而上海万达商业广场可能只辐射到上海东北区域。上海恒隆广场与上海新天地都是不可复制的。因此，购物中心的目标市场区域定位应该因地制宜。

另外，当今世界的人口特征正在发生明显的变化，尤其是人口老龄化和加速城市化，这意味着更多的人集中生活在更小的空间里，人们出于社交需求和聚合需求而需要更多的公共空间。在这一背景下，购物中心为人们提供聚集地，在城市其他公共空间的安全性无法保障时，这一场所自然备受欢迎。

（二）招商和运营

购物中心的成功离不开招商和运营。每家购物中心背后都有一个相似的招商故事，现在招商更难，如何带上运营思路招商？

"对症下药"。经营购物中心，对应的是丰富的商业资源与品牌资源。在功能和形式上同业差异、异业互补，放眼全国乃至世界，很多地产开发商把招商的希望寄托于策划、招商代理公司，往往坠入了功利主义的陷阱，即便是业态方案做了，实际落地的品牌组合方案也是有名无实、弱不禁风、漏洞百出，这也是我国内地购物中心经营成功率不足两成的主要原因之一。

购物中心的运营管理及营销推广，本质是紧密围绕"取悦消费者"这一中心思想，尽可能地增加商业项目的人流量、实现更高的转化率及持续增长的回头率。在电商大举冲击实体零售业的当下，购物中心需突出最能招徕人气的业态。以前主力店大多青睐LV这类奢侈品品牌，但随着奢侈品消费走低，轻奢、快时尚品牌开始崛起，成为主力店的"新宠"。很多购物中心靠主力店聚人气，因此，快时尚品牌现在都非常"牛"，几乎都要购物中心给予装修补贴的情况下才愿意进驻，大多开发商在品牌招商时就承诺一段时间内免租金、低租金，同时施行贴补装修费用等优惠政策。不仅如此，对于某些强势品牌，开发商还要承担开业初期的各类营销费用。

在欧美国家，购物中心有一个业态黄金比例，购物、餐饮、娱乐分别占到整个购物中心的52%、18%、30%，这其实只是一个粗略的划分标准，并不具有通用推广意义。业态占比始终还是由目标市场来决定的，成功的因素，实际上就是改善配套环境与弱化购物功能，提高餐饮、娱乐的业态比重。如今，餐饮成为聚人气的"新宠"，在有些新项目中，餐饮招商面积甚至高达50%~60%。

购物中心的三大业态——零售、餐饮、娱乐都要根据区域内的消费习惯和市场进行比例调整，商业很难有规范化的业态，只有差异化错位经营才能共生共荣。例如，随着现代生活节奏的加快，邻里间疏于来往，人们乐意到购物中心去休闲、健身、交友，从我们公司此前开发的购物中心看我深有体会，娱乐、休闲、文化、健身做得好，购物中心才有可能火。又如，人们喜欢逛宜家很重要的一点是在购买之前可以尽情地试坐它们的沙发和床。宜家用良好的顾客体验感，让许多顾客成为忠实粉丝，也让宜家店铺布满全球。宜家以顾客体验感为理念的经营模式，做到了每平方米超 2.5 万美元的销售额。

运营管理是购物中心操作中的重要一环，是购物中心硬件设施能够安全、正常、经济运营的重要保证。经营采用"放水养鱼"的原则，因为购物中心经营是长期性的。市场是现实的，经营也是实实在在的，未来缺乏资源、专业、人才平台的运营注定一开始就是一个"华丽的错误"，不仅预期的投资梦想难以成真，恐怕只能上演一出冷酷的悲剧。

通过上述分析，开发商如何运作已经"砸"在手中的购物中心物业，使其"起死回生"？答案不言自明。因为这个时代是个资金密集型时代、成本密集型时代、风险密集型时代、技术密集型时代、思维意识密集型时代，也是传统产业和传统商业模式没落的时代、新旧更迭的时代。一切决策，只能建立在雄厚的资源与专业能力的前提下。资金是当前很多购物中心业主面临的最直接难题。即便是一个很有实力的企业，如果不是有大型企业庞大的资金体量做支撑，就很难化解未来经营中的运营成本风险。盈利的前提是自身因素、管理能力、基本成本、市场因素所集体决定的，而一个购物中心，在人力资源方面属于劳动密集型企业，人资成本巨大，另外，还有服务环境营造与维护成本，服务功能扩展提高、店堂形象维护更新、日常营销成本，市场竞争成本等基本的运营成本。随着市场变化越来越大，这些成本越来越高。对于单店或者单个物业独立经营的购物中心来说，未来面临的问题是：如果入不敷出，那么一是资金链极易出问题，二是长期亏损直至破产。

零售业发生了翻天覆地的变化，但购物中心依然在城市生活中扮演着重要角色。经营者必须拓宽自己的视野，为购物中心设计更多可能，把自己当作一个面向顾客的商务、体验、娱乐、休闲服务的提供者。水无定形，商无定式，商业有空间，思维无界限，您可以做得更好！

华南商业地产风云二十载启示录

五、我与商业地产20年——
热爱、专注、专业、敬业

文/穆健玮

我是商业地产的一员"老兵",目睹商业地产经历了四个阶段:

第一阶段——1996~2000年,部委商业基础设施开发建设阶段。20世纪90年代初,国家商业部(现已撤销)开始14个沿海口岸城市和重点省会城市的现代商场及批发市场投资建设,我有幸参与其中,经历了早期商贸流通业的行业管理及重点商贸百货企业的投资扶持,引进外资及国外先进技术和设备,扶持现代零售业业态的发展。

第二阶段——2001~2004年,零售软件开发及应用阶段。2001年,我加盟富基旋风科技有限公司,从事现代零售业POS、MIS、ERP、CRM、SCM应用软件开发和市场拓展,先后开发的用户包括武汉广场、武汉中商集团、武汉中百集团、广百百货、王府井百货集团、燕莎友谊商城、华润万家超市、永辉超市、P&G等。

第三阶段——2005~2015年,商业地产投资开发及运营管理阶段。2005年起,我先后在铜锣湾集团、东方伟业集团、北京和美商地产投资管理有限公司任职,从事商业地产项目投资开发、前期策划及规划设计、招商及运营管理等实操工作。参与的项目包括华侨城铜锣湾广场、金源新燕莎MALL、15个东方伟业广场、正翔商业广场、7个红星美凯龙国际广场等,先后荣获"2010年中国商业地产知名操盘手"、"2011年中国商业地产杰出经理人"、"2012年中国商业地产卓越推动人物"等荣誉称号。

第四阶段——2015年起,商业地产消费大数据技术开发及应用阶段。

"我与商业地产 20 年"征文

2015年起，我加盟北京购阿购技术服务有限公司，参与实体商业面向移动互联网时代的消费大数据技术开发及应用。

我经历了中国商业地产从无到有、从有到大、从大到精不断发展的过程，也在商业科技、商业运营实操、投资开发、策划规划等领域担任过领导职务工作，注重于理论联系实际，以实际业绩点亮职业生涯。今天，我仍然走在商业地产精细化管理和互联网时代科技创新的队伍中。

回顾过去的20年，热爱、专注、专业、敬业是中国商业地产人永远的精神特质。2000年我便认识了第一商业网黄华军总裁，当时他还在粤港信息日报社工作，他有亲切的面孔、务实的作风，我和这一批同龄人一道经历了一个翻天覆地的时代，而仍然保持着对商业地产事业的热爱、专注、专业、敬业的精神。这是我们宝贵的精神财富，愿与前行者和更多的后来者一起，再创佳绩，再创新高。

华南商业地产风云二十载启示录

六、寻商梦 践商道

文/陈晓宇

（一）留学寻商梦

20年前，我在华南理工大学攻读建筑学研究生，有幸师从建筑大师赵伯仁教授。在广州还只有骑楼街铺的那个年代，赵老师和我分享了他考察北美商业地产后的感想，这是我第一次接触到购物中心 SHOPPING MALL 的概念，让我对商业地产从无知走向了懵懂，引起我极大的兴趣，于是商业地产成为了我硕士论文的方向。坐着颠簸的客车去深圳罗湖考察国内第一家沃尔玛购物广场，没开业之前跟随施工队偷偷参观了中国第一家现代购物中心天河城内部……当时也算国内首批研究商业地产"吃螃蟹"的人，当年更没想过日后自己有机会能设计这样的商业"巨无霸"。

怀揣着对商业的好奇，我去到购物中心的发源地——北美，开始了长达8年的探索与积累。我看到了为之震撼的伊顿购物中心 EATON CENTER，在顶部巨型的拱形玻璃天棚包裹之下，架空的行人天桥将购物街两侧连通，室内满园浓绿，还设有水池、喷泉等，这种综合型购物中心十分受市场欢迎；我还见证了北美商业从"街"到"MALL"的演变。这段经历深刻地影响了我之后的商业设计。

伊顿购物中心（EATON CENTER）

（二）归国践商道

十年前，华人建筑师逐渐登上世界舞台，随着奥运会的预热，中国成为各大知名建筑师的"试验田"。作为一名有情结的中国建筑师，我也很希望能通过设计来参与祖国的建设，通过设计改变世界。2006年我回国时天河城商圈已逐渐成为广州的中央商务区、城市交通枢纽以及商业中心，于是AIM亚美设计集团（简称AIM亚美）从这里启航。从珠三角到全国，再走向世界，我有缘见证和参与国内商业地产的崛起与蓬勃发展。2008年番禺汇珑新天地是我们第一个纯商业MALL的实践，在中国商业中心外资设计主导的情况下，我们通过几年的摸索逐渐找出了商业中心设计的规律——商业定制化，此后AIM亚美走出了一条差异化的商业地产之路。2013年有幸受城际集团委托，AIM亚美承担星港城项目的策划、建筑、景观等专业全程设计，3年时间内，这艘承载着购物中心、摩天轮公园、喜来登酒店、公寓等超80万平方米的商业航母渐已成型，璀璨耀眼于广佛双城。万达星港城的诞生，不仅展现了AIM亚美团队更加纯熟的技术，也在"消防性能化论证"等多个商业地产难以攻克的领域取得突破性成果。承载着广州商业与交通枢纽功能的城市名片项目——广州南站地下商业设计，AIM亚美有幸作为总包中标，十余个专业的无缝链接展现了AIM集团在市场与技术方面完美结合的能力。万科·星河城二期是AIM亚美又一个商业与国际酒店联姻的超高层设计项目。金融城矗立的两大商业综合体——新凯广场和京华广场，更是AIM亚美描绘佛山商业蓝图的浓重的一笔，新凯广场的设计强调街区体验式商业，构筑了最美绿色购物公园。京华广场216米超高层商业综合体傲视千灯湖，代言了金融区功能的最大价值。AIM亚美团队参与了由国际建筑大师丹尼尔·里伯斯金主评的"概念商业广场"国际建筑设计竞赛并获奖，这是AIM亚美团队对商业建筑的再思考、探寻商业广场新概念的再挖掘、再提升。凭借着多年的商业地产经验和完整的商业地产产业链服务研究，AIM亚美也在陆续为知名地产开发商提供专业化、全程化的商业地产研究，从经济、人口模型等方面进行模块分析、建立评价体系与设计标准化研究。

在近些年的发展里，商业已不仅是单一的购物活动，而是多元化的体验，我也无可避免地遇到了电商这一座"大山"，要与时俱进除了加强体验式商业以外，我们也在进行产业研究和升级的O2O商业实践，三元里商圈的广州皮具中心就是一个很好的例子，抛开传统皮具专业市场的老路，将商铺规划设计为一个个品牌展厅，切中了市场的需求点。

这20年，我毕业、留洋、归国，亲历了中国商业地产由零变成了目前世界上最大的商业地产市场，从"百货"到"体验式购物中心"，仅仅用了20年，已经走了国外100年的商业的变革发展之路，从最初的萌芽到逐步成型，伴随商业模式的不断调整，进行着其特有的中国式演变。商业地产也从我青春记忆的书本中，变成我笔下一幅幅的草图，建成一幢幢商业巨塔，筑就了我和AIM亚美设计团队一个个成真的美梦。

设计改变世界。愿下一个20年，中国商业走出有自己特色的路；下一个20年，中国建筑师能在历史舞台上更加自信，释放自我。

"我与商业地产20年"征文

七、勿忘初心

文/何昌政

自2014年毕业以来，我的第一份工作便是从事商业地产业，我在世纪新光从事的是经营与营运工作，至今不知不觉已走过好几年。我十分感谢在这两年的时间里，在迷茫和遇到困难时给予我帮助和支持的领导、同事、朋友，是他们的宽容大量、悉心关怀让我在这个行业中一直坚定不移地走下去！

在这短短的几年时光里，我看到许多的老牌商业体倒下，也看到了在这个改革动荡期脱颖而出的企业，它们仿佛凤凰浴血重生。感谢世纪新光能给我这样的一个舞台学习、成长、见识到商业地产的魅力，也感谢领导给我这样的机会去见证商业地产奇迹般的"逆袭"，并从中获益良多！

在这一行业的几年中，给我最大的感悟便是服务才是商业地产的根本。无论如何改革调整，归根结底都是以顾客的感受为一切成功的标准。在电子商务发展迅速的今天，老套的、单纯的"价格战"已经不合时宜，因为作为实体店和电商的最大区别在于顾客体验，只有在顾客购物娱乐的过程中，从环境、设计、业态丰富度、服务等方面为顾客带来愉悦感，才是战胜电商或者说战胜同行的制胜法宝。

2014年是一个标志性的年份，因为这一年是商业地产的最低潮，同时亦是一个触底反弹的时期，商业地产的整体营业水平普遍面临下滑的趋势，那时候的百货面临的难题是顾客的购物选择太多，以及电商热潮的冲击，价格竞争和同质化成为百货经营最大的致命点，传统联营品牌因营业额不断下降，导致百货店的毛利额逐年下降，许多百货店因为电商的冲击或同行的竞争悄然消失在这个竞争的浪潮中。

随着经济发展水平逐渐上升，顾客的消费需求也从简单的传统购物变为各种各样的体验式消费,百货店从这个时候开始意识不转型便必然倒闭的危机。于是各大百货按照其区域性特征,定制不同的改革方案,是我在这短短几年间学习到的十分有趣而又严谨科学的事情。转型的成功个案包括广州王府井、广百、友谊、摩登、新光等。

广州王府井:启动了近10年来第一次大规模的装修调整,在现有条件下,压缩商品经营面积,增加功能配套和体验的植入。借助这次调整升级,广州王府井也从传统百货店向区域型百货店转变。业态的丰富性正是为了满足顾客的社会发展需求。

广百:继续发扬"广百之夜"传统的同时,实体店的业态也进行了一定程度的调整,例如增加了"广百珠宝大厦"、"电器生活馆"、"广百超市"等,这些都表明了改革的决心。同时大力开展网上渠道"广百荟",实行真正意义的O2O(从线上到线下)。在这个竞争激烈的年代,各大商业体也是各出奇招,这也正是商业地产的魅力所在。

正佳:正佳广场耗时一年,打造号称亚洲最大的室内商场海洋馆"国际极地海洋世界"。该项目面积超5万平方米,这一举动也正说明了"不改变便不能活"这句话的分量,同时也证明了唯有改变才是这个潮流的趋势。

2016年是一个不同寻常的年份,百货店基本经历了改革阵痛,购物中心的"大跃进"时代即将结束,高企的空置率、冷清的商场给盲目投资的投资者们带来惨痛的教训。紧接着,收购兼并和项目转型成为这一年的热门话题。

各种各样的业态组合将会不断刷新消费者的眼球,消费者的出行体验不再局限于简单的购物,而是体现在五觉(视觉、听觉、嗅觉、味觉、触觉)的享受之中,我们唯有基于顾客的需求点,灵活多变敢于创新和引进,才能活得更好。

还记得带我入行的前辈曾经说过四个字:"勿忘初心",如今回想起来印象依然深刻!没有什么事物是一成不变的,唯有改变才是唯一的旋律。所有事情都是时刻变化着的,唯一不变的只有我们对于服务的执着,对于追求极致品质生活的初心。

八、贵在持之以恒

文 / 杜颖全

在商业地产行业摸爬滚打多年，我一直是个默默无闻、没操盘过有影响力项目的小人物。当一听到举办"商业地产二十年论坛"时，还是猛然一惊，原来我从事这份职业竟然也有了十三个年头。转眼间，思绪回到了刚入行的那些岁月。

2003年的东莞，那时候没有什么大的商业项目，只有虎门批发市场及本土几家百货和超市。而我，有幸进入了当地一家连锁百货商场，这也成了我从事商业招商运营工作的起点。当时作为经理助理的我，对于楼层管理、突发事件处理、客户关系维护、商家洽谈等专业知识基本上是一片空白，甚至晨会时还会被营业员揶揄不知作何处理，这就是那时的我。然而，命运对我很是眷顾，在让我选择对的行业的同时也伴随着好的运气——我遇到了成长的引路人。那时的上司给了我很多积累和提升的途径，如看专业书籍、工作笔记、行业资料、网络资料，还带我去广州、深圳等地，去当地知名百货企业学习和调研它们的品牌、布局及分析优劣势等。五年时间，我经历了从一个助理到单店经理的成长；五年时间，伴随公司的成长，我已为公司筹备了三家新店；五年时间，让我知道了天河城、正佳、天河又一城、万象城、金光华等；五年时间，让我看到了自身的不足和商业地产的魅力。是的，五年了，我要继续往前走，在更广阔的天地间去发展。

时间推移到了2007年，个人创业失败后，我到东莞一家房企负责项目招商工作。从百货行业转型至商业地产行业，对之前仅是单店经理的我是一个巨大的挑战，但也可以看成是一个不错的机遇。当然，机遇不是那么好把握的，特别是对于经济危机前一年的东莞。说服董事会调整思路，重新组建招商团队，重新做项目定位报告，熬夜做CAD及项目动线规划及分割，奔赴深圳广州东莞洽谈超市招商等，这些事的难度远超接手项目前的预想。然而，没有选择，只有坚持。在经历了招商团队因成本考虑而解散仅剩我一人、内耗、第三方觊觎、董事会的质疑等各种困境后，我依然坚持完成了项目的招商和开业工作。三年的时间，经历了机遇、压力、质疑、困境、调整、斗争、坚持、成长、积累和喜悦，在历经艰辛后我完成了这个项目。这一年，我找到了工作的兴趣和方向，也让我爱上了这个行业。又三年了，我依然继续往前走，到更广阔的天地去接受洗礼、磨炼和积累。

转眼到了2016年，从事商业地产工作已十三年。目前我继续坚持着理想，从事着商业地产的策划、招商和运营工作。一路走来，到过广州、深圳、上海、杭州、苏州、昆明、宁波等地工作、调研、学习。十三年，青春和理想全部奉献给了这个让我热爱并将继续坚持的行业；十三年，我在不断地吸收并积累着专业领域实操经验；十三年，不断地学习、积累、反思、提升、与决策层沟通、磨合、合作；十三年，个人的发展方向从百货商场、商业街、综合体项目到旅游地产、文创园区、养老地产及社区商业的拓展和延伸，我研究出自己的模式和套路。未来，还有下一个十三年，要走的路还很长！

最近我比较热衷于有关商业地产的书籍及参加类似的行业论坛，也常在独处时反省和总结。越发地对自己曾经工作中的盲目大胆感到后怕、越觉得知识面不够宽广、越觉得时间和人脉圈子不够用……知耻而后勇，学习、积累和坚持是弥补自身不足的最好方法。

我很欣赏大和民族的工匠精神：一辈子就做好一件事。我注定成不了能做出精品的大师，那就做一个坚守情怀的工匠吧。商业地产，我会坚守这个承载着我个人情怀的行业。

九、中山商业20年变迁

文/汪东荣

（一）中国现代商业的发源地

我从祖辈那里就听说了中国有四大商业品牌，从中山走向上海，从上海发展到香港的上市百货公司，它们的名字响彻大江南北、家喻户晓，它们分别是永安百货、先施公司、新新百货、大新公司，四大商业创始人分别是郑观唐、唐廷枢、马应彪、郭乐，他们均出自中山这个杰出的爱国侨乡。20世纪50年代末60年代初最早期的中山百货公司，始创于1959年，坐落于中山市繁华的商业中心，大厦外观古朴典雅，造型独特，古色古香的装潢与文化旅游步行街交相辉映，形成了中山市一大人文景观。中山最早的民族路商业步行街更是80年代闻名全国的时装批发集散市场。全国商户都云集于此。

中山商业基因孕育于伟人故里，经过百年的发展，以诚信筑基、信行天下为发展理念，商业规模不断扩大，从而达到似七八十年代"小香港"之称的购物天堂盛世。

中山的商业地产发展的全盛时期，更与广东省商业地产投资协会的支持密不可分。益华百货、壹加壹超市、利和购物广场、兴中广场等30多家中山商业企业纷纷要求加入协会，共谋发展。

（二）中山商业地产的崛起

益华百货

益华百货

益华百货是广东省大型连锁零售商业企业、中山第一家香港上市百货企业。它与南方大厦公司合作，引进当时最先进的商业零售开放式柜台模式。开业当天的万人盛况、火爆气氛令老石岐人至今难忘。

由中山怡华集团、泰力公司、广州南方大厦集团在中山市合作经营的南方大厦益华百货公司，商场面积达7000多平方米，是当时中山市最大的百货商场。益华百货开张，打破了中山没有大商场的历史格局，带来一种新的消费方式。

益华百货成立于1994年10月，总部设在广东省中山市，连锁的门店有中山店、古镇店、清远店、江门店、韶关店、太阳城店、阳春店、英德店、山东泰安店、阳江店等13家门店。获得"全国商业质量效益型先进企业"、"广东省诚信示范企业"、"中山市流通龙头企业"等几十项荣誉称号，被评为"中国商业信用企业AAA级单位"。

壹加壹

壹加壹

壹加壹被誉为"中山超市之王",在350万人口的中山,壹加壹就拥有了180万的会员,其消费群体占领了中山超市市场的绝对龙头地位。

20世纪90年代,壹加壹第一家——凤鸣路店开业,成为中山最早的本土连锁超市。

壹加壹是珠三角地区极具知名度和竞争力的商业连锁企业,位于中山市。企业创办于1994年,开业初期,经过细心经营、不懈努力、大胆尝试、洞察先机,使壹加壹在激烈的市场竞争中脱颖而出,经营范畴涉及商品零售连锁、饮食连锁、药业连锁、食品加工、美容娱乐等。历经22年创业,现已发展成为拥有68家大型连锁商场,经营网络遍布中山城乡及广州、珠海、江门等地,总营业面积达40万平方米,经营品种达4万种;另配备占地60亩达3.8万平方米的一期、二期的现代化物流配送中心,3000多平方米办公面积的行政管理总部,同时建立全光纤网络覆盖,实行进、销、存一体化的电脑POS机系统;年度销售额历年来居中山商业首位,成为中山地区最大型的本土化零售企业。

大信新都汇

大信新都汇

大信新都汇被誉为"中山购物广场营运面积规模之王",致力于打造中山最大规模购物广场。

2004年大信新都汇开业,当时是 SHOPPING MALL 商业开发模式兴起的时代。大信新都汇是大信控股有限公司自2003年开出的中山第一家综合型购物中心。目前拥有150万平方米的商业物业,与600多家品牌共同建立和经营这个独有的大信商业生态。

中山市大信控股有限公司,是一家以商业地产开发经营为龙头的多元化大型投资民企,2015年跻身"中国商业地产综合10强企业"之列。现拥有上千名员工,产业涉及商业、住宅、物业、建筑、餐饮、酒店、教育、零售、智能科技、金融等领域,创建了逾2万人的幸福居所,开发了推动中山现代商业圈发展的标杆项目——大信新都汇。2012年大信以深挖中山、布局全国的发展宏略,开发项目走进中山15个镇区,扩张的步伐向澳门、北京等地区延伸,成为中国最具成长速度的十强企业之一。2011年至今,公司已经连续四年位列"中国房地产开发企业商业地产10强",并于2014年获得"成长速度10强称号"、中山市第一届社会责任传媒大奖,2015年更荣获"中国房地产开发企业典型商业项目"等殊荣,品牌知名度及影响力已逐步扩大至珠三角及全国各地。

龙瑞国际服装批发城

龙瑞国际服装批发城

20年打造粤西首个前店后厂的大型商城商业模式及全国最早的大牛仔、T恤服装批发市场。从锌铁棚的临时档口,到具有国际规模的服装批发商城,龙瑞国际服装城在过去的20年完成了最美的"逆袭"。

2009年,龙瑞村投入2亿元巨资兴建了设施完备、规模宏大、建筑面积达10万平方米的新龙瑞小商品市场。经过全面的改造与升级,设有2000多个商铺卡位,汇集了休闲服饰、时尚男女装、牛仔服装、童装、鞋业、皮具、饰品、品牌专营、品牌代理等多个种类,极大地满足了市场的需求。2011年9月,为提升龙瑞小商品市场的竞争力,"龙瑞小商品市场"升级更名为"龙瑞国际服装城"。来自龙瑞国际服装城管理部门的统计数据显示,服装城内现有200多个省级以上知名商标、1000多个知名品牌,总代理、总经销和专卖店有300多家。南洋公子、美国苹果、健将、早稻田、兄弟王、金潮来、迪尔耐克、名鼠、老爷车等著名品牌早已入驻其中。丰富的品牌种类吸引了粤西、珠三角乃至全国的采购商，龙瑞国际服装城成为行业内闻名遐迩的服装批发市场。

（三）中山商业地产的腾飞

利和购物广场

利和购物广场

利和购物广场是优质购物力、高消费的代表性项目，以城市综合体之现代购物中心开发，总面积130000平方米，集购物、美食、休闲、娱乐为一体，为中山提供世界高档次、高品位的生活、服务和配套设施，其商品的多样性，能极大地满足高消费群体的多种需求，不仅让中山的整体消费环境得到提升，更助力于中山国际高端商圈的形成，项目将成为整个城市的时尚消费风向标，引领中山以及珠江西岸消费新潮流！

兴中广场

兴中广场

兴中广场是一所公园式的购物中心，位列中山市政府重点打造的商业项目之首，地处中山城市核心商圈，西接富华道商圈，东连孙文西步行街商圈，北靠光明商圈，南临中恳商圈，汇集区域核心绝版资源，一期规划为A、B、C三大地块，全部亲临岐江一线江景，总投资逾12亿元，总建筑面积逾14万平方米。兴中广场以世界购物中心最高级形态Lifestyle Mall为蓝本，集购物休闲、餐饮娱乐、旅游观光和商务办公于一体。

百汇时代广场

百汇时代广场是中山北部首个商业综合体，致力于打造"中山一线品牌之王"新地标。中山百汇时代广场集购物中心、风情步行街、精品酒店、公寓于一体，是中山北首个大型商业综合体项目。项目占地约6万平方米，总建筑面积达25万平方米，购物中心约15万平方米，商业街区约2.5万平方米，提供超 2000 个停车位，云集一众国际精品零售、国内外知名餐饮、五星级影城、电玩城、美容美体、精品超市等丰富业态。通过高水准的规划、装修、设计，极富感染力的购物环境营造及品牌的优化组合，为消费者提供最佳的购物场所，未来必将刷新中山北商业新格局。

天悦城购物广场

天悦城购物广场致力于打造中山西区的香港尖沙咀模式繁华商业中心，天悦城购物广场坐落于中山市中心城区繁华的富华道和翠景道交会处（即中山市西区邮局对面），占地 90 亩，总建筑面积 28 万平方米，商业面积达 16 万平方米，是集购物、餐饮、娱乐、商住于一体的"一站式"城市生活购物中心，汇集大型超市、大型多厅电影城、品牌商铺、时尚百货公司、特色餐饮、酒楼、电玩游乐、量贩 KTV 等，购物、餐饮、娱乐一应俱全，大型主力店——大润发超市及众多品牌强势进驻。

百汇时代广场

天悦城购物广场

（四）中山是商业零售品牌制造业、百年老字号的制造基地

中山有百年老字号咀香园、沙溪凉茶等，畅销东南亚；还有金马游艺机、小霸王电子产品、威力洗衣机、卡丹奴皮具、爱多DVD及中山古镇灯饰、小榄内衣、大涌红木等现代商品著名品牌，更是闻名全国及全球的零售商业的制造基地。

中山咀香园

金马游乐集团

（五）中山商业地产未来发展新趋势

中山以打造伟人故里——孙中山故居和建设宜居宜商的城市而充满活力和生机。商业模式创新方面，如金马全国首创的游艺主题商业模式以及中山游艺基地。深中通道五年后的落成及港珠澳大桥通车的优势组合下，中山"一镇一名品"的工业强镇带动的旅游地产项目直接带动巨大消费群体，在未来十年，中山高速发展带来的相应商业配套，会有更大体量的商业项目落成，将中山打造成未来"购物天堂"，如金鹰购物广场、利高广场、永安广场、小榄海港城、保利购物广场等更多商业体涌现。中山的未来商业发展将更辉煌！

十、杨军艇：我和商业地产有个约会

文 / 洪门七兄

艇爷论天河城的前世今生

雄踞天河路、稳坐天河商圈龙头宝座的天河城，其辉煌的今天，大家有目共睹，其由"襁褓婴孩"成长为"擎天巨人"的历史，如果不太了解，就且听天河城始创元老艇爷为大家一一道来吧。

1991年，我31岁，在广东省政府财贸办公室（简称省财办）做科长一职。6月中旬，时任省财办领导兼省工商局局长之要职的刘春亭主任找我谈话，说刚结束的省长办公会议决定，要求广东在流通领域成立一家中外合资企业，探索新形势下的商贸流通行业发展路子，要从省财办抽调一名领导和一名中层干部去负责筹建工作。当时省财办中层干部之中只有我最符合条件。我说没有问题，于是刘春亭主任就挂名做筹建组组长，我成为筹建组唯一的工作人员，去筹建一个省政府主要领导亲自点题的项目，开始天河城的母公司天贸集团的筹建工作。

当时打给广东省对外贸易经济委员会和国家计划委员会（现改为国家发展和改革委员会）的可研报告，是叫"广东省工业品批发中心"。后来1992年邓小平南方谈话，形势一片大好，于是省领导就把握机会，及时把原定的"工业品批发中心"改旗易帜，决定以香港太古旗下的"又一城"为蓝本，参照美国拉斯维加斯SHOPPING MALL的模式，兴建华南地区第一个中外合资的购物中心。同时将筹建办公室由环市东路粤海大厦搬迁到天河城对面的天河体育中心裙楼,并且通过组织部门协调,从省直属单位抽调一批骨干过来,组成天贸集团的领导班子,其中包括从当时的省财办主任兼省工商局局长位置抽调过来的刘春亭先生任职为首任董事长,从当时的省商业厅副厅长位置抽调过来的陈启森先生任职为首任总裁,还有一大批从省纪律检查委员会、计划委员会、审计厅等部门抽调过来的副总,以及从高校、科研单位和社会招录进来的精英担任集团中层干部。通过这样的资源整合,组织上为天河城搭建起一个强有力的筹建和创建班子,来自不同领域的精英,发挥了广泛的人脉作用和解决问题的丰富经验,为天河城的建设提供了有力的保障。

按省政府主要领导的思路,为了建设天河城,省里成立了广东天贸集团公司。天贸集团完全是按现代企业制度组建的,加上中外合资性质,本来是无所谓级别的,但由于那时《公司法》还没有出台,90年代初创立中外合资的流通领域企业的规定几乎是一片空白。后来我通过一位省政府外事办公室的海归,弄了一本英文版的《美国公司法》,翻译成中文,以此作为蓝本,起草了天贸集团的公司章程。除了公司章程,我们还商请省委组织部专门发一份文件,就集团的党建、人事等问题做出规定。因为在当时那种大环境下,像天贸集团这种"人头马"式企业,如果没有组织的红头文件支撑,办理正常经营业务、办理贷款、办理设备进出口,甚至办个边防证等,如果没有一定的行政级别,根本就办不成。有了组织上的明确,天贸集团就按正厅级运作,党总支直属省直机关党委,我是当时的党总支书记,每个月列席一次省委常委扩大会议。为了天贸集团领导的称谓问题,我这个总裁办总经理兼业务发展部总经理可谓费尽心思:刘春亭先生好办,直接叫"董事长",没有问题;陈启森先生的称谓,不能直接叫"总经理",因为他到天贸集团来之前就已经是商业系统的大领导,是省商业厅副厅长,居于天河城的特殊江湖地位,其称谓与商业厅下属的公司应该有所区分,于是我就建议集团领导,天贸集团的第二把手不叫"总经理",叫"总裁",就解决了陈启森先生与原单位的那些下属公司总经理们的区别这个问题。所以天河城的领导除了"董事长"外,其他班子成员都统称"总裁"、"副总裁",这个在当时还是挺特殊的,这个也得到省委、省政府领导的认同,他们过来视察时,也跟着我们称"某某总裁"。

此外，当时天贸集团所有的车辆牌照都是挂"黑牌"（外籍）牌照的，全广州第一辆福特天霸与海霸轿车，就是属于天贸集团的，同时集团领导的车辆都与部委办局一样，拥有进出省府大院特许通行证，可以随时进出省府大院，方便向省领导第一时间汇报进展情况。回顾天河城的成长历程，天河城的茁壮成长，离不开当时的叶选平省长、卢瑞华省长等省领导的关心与支持，当时叶省长亲自为天贸集团和天河城题写公司与购物中心名称，卢省长更是多次亲临公司，指导工作。

随着网络的发展和智能手机的普及，现在有了微信等即时通信方式，大家拨打固话总机的机会越来越少了。但早在十几二十年前，一台总机对于一个单位来说是非常重要的。天河城的总机是85592818，是大有来头的，"855"是天河区域电信代码，"92818"是为了纪念1992年8月18日是天贸集团正式挂牌成立的日子。天河城母公司天贸集团发起时股东包括广东发展银行、广东国际信托投资公司、广东粤财信托投资公司、广东华侨信托投资公司、广州市城市建设开发总公司。1992年8月18日创立时股东增加粤海投资公司，注册资本4.2亿元，共6个股东。天贸集团1992年7月18日召开创立股东会议，1992年8月18日举行创立仪式，正式对外宣布，其中包括有粤海、城建总和市建筑设计院。到1997年的"金融风暴"，为了确保粤海不步国投、华投的后尘，上头决定于1996年初试业，每年大约有近亿稳定租金收入的天河城，作为优质资产，整体打包注入粤海，也开启了天河城严格按照"公司法"组建公司法人的新道路。

在各级领导和部门的鼎力支持下，天河城先后创下了多个全行业第一，包括：第一个使用原装美国开利中央空调机组、第一个全方位使用原装日本三菱电梯、第一个使用原装意大利铝合金天花吊顶、第一个使用原装意大利大理石材铺地和镶柱，这些"第一个"确保了天河城的"高、大、上"。事实证明，当年的大手笔一次性投入是有回报的。在商务运作方面，天河城最成功的地方，是成功地把吉之岛放在负一层。负一层当时设计是用来停放自行车的，谁也没想到会用来做超市。天河城把吉之岛安排在负一层，使到吉之岛的运营成本降到了最低，达到了多方共赢的效果。如果当年不是坚持不让步，无论如何也要把吉之岛压在负一层，而不是安排在二三层，恐怕就不一定会有天河城辉煌的今天。

"天河城有没有不足之处?"有的。第一是在整体设计方面,没有考虑到负一层超市以及场内百货公司等大型客户的卸货问题;第二是没有考虑到餐厨垃圾的转运问题,大型垃圾车无法进出天河城地下,需要转运;第三是北广场的问题。站在今天的角度去看,纯粹作为景观的北广场,一方面是对土地资源的极大浪费,另一方面在恶劣天气时对进场购物消费的客户是极不方便的,尤其是穿高跟鞋的都市女性;第四是我离开天河城后,到对面的天鸿房地产公司后,开发中怡时尚广场时,楼宇封顶的时候,三越百货、SOGO、百盛等都有过来与我们磋商,当时已处于甲方位置的我,极力建议天河城管理层把天河城百货整体搬过来,入驻中怡时尚,这样做一来可以避免在家门口多一个竞争对手,二来可以腾出天河城里面的空间,引入更多新业态入场经营。可惜我的建议在粤海体系里面兜兜转转,据说转了三个月还没转出广州,更不用说转到香港粤海总部,最后天鸿公司的林老板失去耐性,亲自拍板,三分钟决定整体打包租赁给广百,于是就有了今天的中怡时尚广百。回过头来看,电商横行、天河城商圈一位难求的今天,如果当时按我的思路去走,在天河城综合体旁边就是自己的天河城百货,形成子母关系,天河城的业绩应该还会更辉煌一些吧。

杨军艇:中国购物中心委员会专家委员

华南商业地产风云二十载启示录

主办方简介

商业资讯一应俱全、"线上+线下"联动传播
整合资源首选平台

★ 2014年月均浏览量超过 **500万** 全国B2B商业资讯门户网站华南地区 **NO.1**

★ 2015年，第一商业网收编凯麒投资，增加 商业地产租售 及 运营管理服务 的业务新版块

★ 2015年至2016年，第一商业网 北京、香港、南宁 站创立，共设有 昆明、中山、清远 等城市分站

★ 2016年，应移动互联网高速发展的趋势，第一商业网微官网正式上线，轻松实现在社交平台的 传播和分享，为商企用户提供 移动终端 服务。

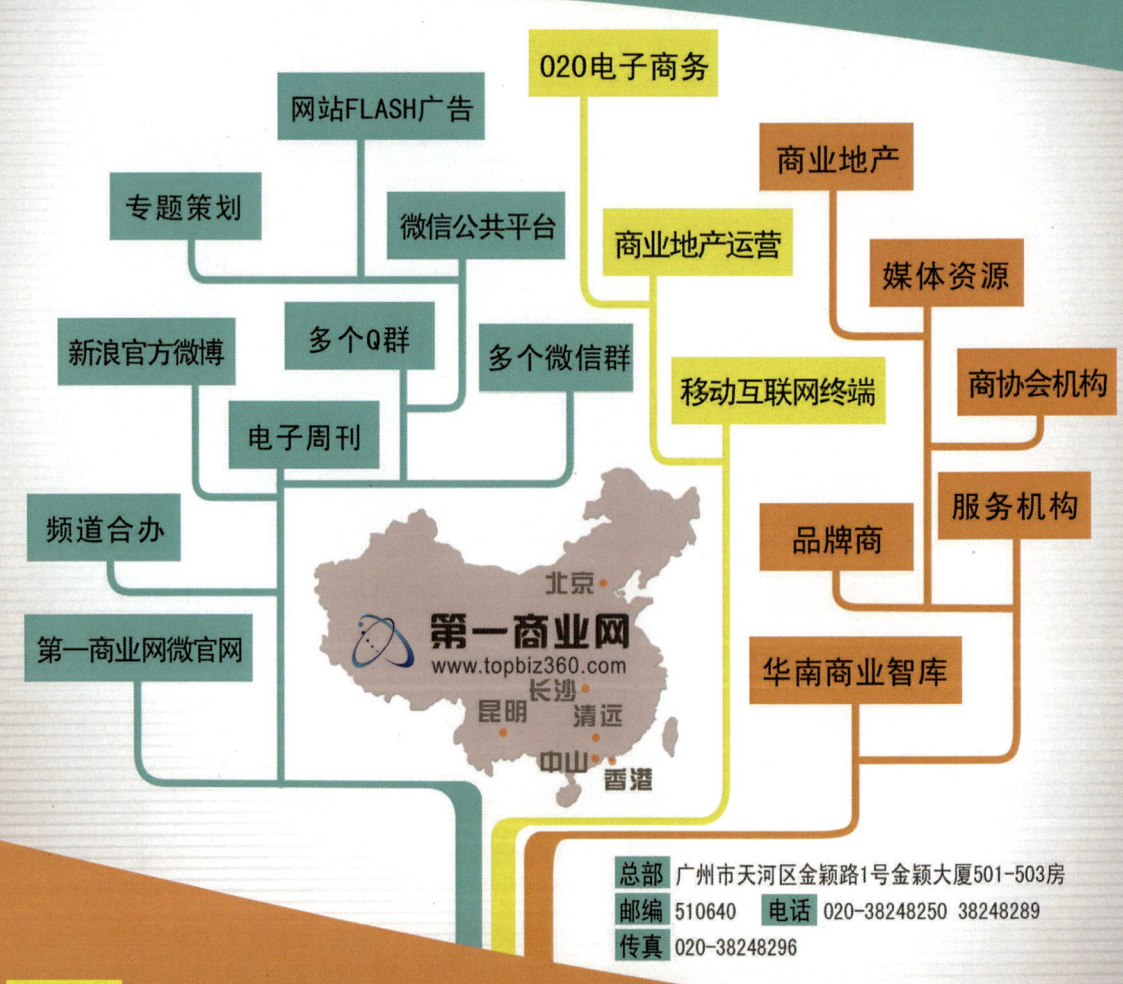

总部 广州市天河区金颖路1号金颖大厦501-503房
邮编 510640　**电话** 020-38248250　38248289
传真 020-38248296

旗下机构 广州凯麒投资管理有限公司
分站地区 北京、香港、长沙、昆明、南宁、中山、清远
战略合作伙伴 越秀地产、中建·领秀广场、广州地铁集团、宝奥城、白云汇广场、中华广场、百信广场、优托邦、富港集团、骏壹万邦、和信广场、GOGO新天地、佳盛购物广场、广百股份、王府井百货、72街餐饮

华南商业智库简介

华南商业智库于2014年11月18日在广东财经大学召开的第十一届珠三角流通学术峰会上发起成立。发起单位有：广东财经大学、广东省商业经济学会、广东省商业地产投资协会、广东省餐饮服务行业协会、广州商业总会、广州连锁经营协会、第一商业网，并发布了《华南商业智库发起人倡议书》。

2015年8月21日，六家发起人召开第一次理事会筹备会议，正式签订《华南商业智库发起人协议书》，并选举产生了第一届理事会。经商定，第一届理事会理事长由王先庆教授担任，副理事长由黄文杰、谭海诚、陈海权三人担任，秘书长由黄华军总裁担任，副秘书长由简丽娜、罗少芳、阙宝虹、戴诗华、罗志杰、李曼、黎烙华七人担任。由荀振英、徐印州两位业界权威担任总顾问。经过一年多的筹备，2015年11月26日，在广州阳光大酒店召开的"2015年中国（华南）商业地产创新论坛秋季峰会"上，华南商业智库正式成立，并共同发布了《华南商业智库宣言》。众多国内外知名商业地产企业、品牌商、投资机构数百家企业，近600名嘉宾，一同见证华南商业智库成立的历史时刻。

华南商业智库旨在团结华南商业精英、凝聚商业智慧，进一步普及现代流通知识，推广现代商业技术，提升商贸企业素质，促进区域商贸合作，推动商贸转型升级，推进理论实践创新，服务地方经济社会，为华南及国内外各界提供全方位、高水平、有特色的专业咨询顾问服务。试图通过联合进行商贸领域的热点前沿问题、商业模式和案例研究，编辑出版智库丛书，推动商业创新实验和实战培训，举办系列论坛讲座和国内外考察交流，发挥"华南商业50论坛（G50）"影响力，共同打造国内一流的商业智库，打造影响华南和辐射国内外的商业专家团队，建立具有岭南风格的商业学派，为华南乃至全国现代商贸流通业的发展做出贡献。

近一年来，华南商业智库通过"华南商业智库群"保持着畅通的沟通交流渠道，并不断举办线上线下活动。2016年6月，由华南商业智库和中国物流策划研究院主办了"中华复兴与商贸强国"首届沙龙，2016年7月和第一商业网主办"东莞水乡（麻涌）商业高峰论坛暨星河城市广场商业发布会"。华南商业智库自成立以来，在群里由多名知名专家发起了多个热点话题的讨论和智慧碰撞，影响深远。

智库组织架构

理 事 长：王先庆

副理事长：黄文杰、陈海权、谭海诚

秘 书 长：黄华军

顾　　问：荀振英、徐印州

2015年11月26日，理事长王先庆向总顾问荀振英授牌

2015年11月26日，华南商业智库成立大会启动仪式

2016年6月，主办"中华复兴与商贸强国"首届沙龙

2016年7月，主办"东莞水乡（麻涌）商业高峰论坛暨星河城市广场商业发布会"

2016年4月，协办第一届华南现代物流学术年会会议暨"一带一路"与现代物流体系建设研讨会

富港集团
中国新城市商业创建者

富港集团（广东富港投资集团）成立于2004年，是集商业地产开发、住宅开发、物业经营管理、酒店经营管理及电影产业经营管理于一体的现代化大型房地产综合企业，以开发广东二三线城市商业地产为主，旗下城市综合体项目包括三水广场以及增城、开平、梅州、江门、阳江、茂名、三水等地的东汇城。旗下全资子公司、参股公司和项目公司30余家，每年总营业额接近30亿元。截至2015年底，资产总值逾100亿元，员工1000余人。

富港集团秉承"价值·远见·进取"的核心价值，坚持"粤商业·粤动力"的理念，依靠"商业地产+商业巨头=促进城市经济"的战略联盟合作模式，与世界500强内的各大企业紧密合作，已成为业内具有重大影响力的商业地产连锁品牌，被誉为广东本土商业地产新型领军航母，为广东各地的城市化发展注入源源不断的动力。

广东富港投资集团有限公司
广东省广州市海珠区新港东路1000号 保利世贸中心F栋5层全层

粤商业·粤动力

富港八大综合体 赢遍南粤

佛山三水广场
15万㎡标志性商业航母，资产总值20亿元，2005年9月12日盛大开业

增城东汇城
21万㎡RBD商业综合体，资产总值30亿元，2011年9月29日盛大开业

开平东汇城
80万㎡五邑商贸龙头项目，总投资20亿元，2014年5月1日盛大开业

梅州东汇城
30万㎡旗舰级商业综合体，总投资20亿元，于2015年12月24日盛大开业

江门东汇城
50万㎡大型商业综合体，总投资20亿元，拟于2016年盛大开业

阳江东汇城
22万㎡高端城市综合体，总投资15亿元，拟于2017年底盛大开业

茂名东汇城
60万㎡综合体商业航母，总投资逾30亿元，拟于2017年底盛大开业

佛山三水东汇城
66万㎡大型城市综合体，总投资30亿元，拟于2018年盛大开业

电话：（020）66853168　　邮箱：fugland@fugland.com
传真：（020）66286800　　邮编：510335

图书在版编目（CIP）数据

20年·20人：华南商业地产风云二十载启示录/王先庆，赖婉蕴主编 . —北京：经济管理出版社，2017.4

ISBN 978-7-5096-5116-2

Ⅰ.① 2… Ⅱ.①王… ②赖… Ⅲ.①房地产业—经济史—华南地区②房地产业—企业家—生平事迹—华南地区 Ⅳ.① F299.27 ② K825.38

中国版本图书馆 CIP 数据核字（2017）第 088804 号

组稿编辑：杨 雪
责任编辑：杨 雪
责任印制：黄章平
责任校对：超 凡 王纪慧

出版发行：经济管理出版社
（北京市海淀区北蜂窝 8 号中雅大厦 A 座 11 层 100038）

网	址：www.E-mp.com.cn
电	话：（010）51915602
印	刷：虎彩印艺股份有限公司
经	销：新华书店
开	本：710mm×1000mm/16
印	张：15
字	数：246 千字
版	次：2017 年 5 月第 1 版　2017 年 5 月第 1 次印刷
书	号：ISBN 978-7-5096-5116-2
定	价：46.00 元

·版权所有　翻印必究·

凡购本社图书，如有印装错误，由本社读者服务部负责调换。

联系地址：北京阜外月坛北小街 2 号

电话：（010）68022974　邮编：100836